Beginner's Slovak

Best of
luck.

Master the
Slovak and
teach me
some
—D.

This book is dedicated to my daughter Juliana.

For information, address:
HIPPOCRENE BOOKS, INC.
171 Madison Avenue
New York, NY 10016

ISBN 0-7818-0815-4

Printed in the United States of America.

CONTENTS

INTRODUCTION

Visitors from abroad coming to Slovakia for the first time will be surprised to learn that the geographical center of Europe is located in close Burgenland, claimed by Austrians to be their Burgenland and by Slovaks to be their Krahule. This point is only thirty minutes by car from the capital city Bratislava, which itself is one hour from Vienna.

The Slovakian territory has had a long and varied history. Even before the arrival of the Slavs, the region came under Roman Emperor Marcus Aurelius' rule. The Old Roman legions built settlements along the Limus Romanum in Gerulata, or what is today the village of Rusovce on the outskirts of Bratislava. Medieval travelers from southern Europe, in particular Venice, had to cross the Danube and the territory of Slovakia when traveling on the 'Amber Route' to the north. With the fall of the Iron Curtain in 1989, a flurry of activity is being spurred throughout Central and Eastern Europe by the desire to establish democratic institutions and free market economies. Foreign companies are seeking business opportunities and expanding into these virtually untapped markets. A fresh and beautiful land with a rich and exciting cultural heritage has opened up for exploration and tourism. Slovakia now attracts many visitors. The capital city Bratislava is often described as "Slovak Salzburg" or "small Vienna or Prague."

Slovak is the official administrative and cultural language of Slovakia. In addition to the over five million inhabitants of Slovakia, there are more than a half million speakers of Slovak in the other European countries, the United States and Canada. While other European languages were recognized and developed since the Middle Ages and earlier, the Slovak language was codified relatively late, in the mid-19th century. The language had been previously cultivated by men of literature and science who also spoke Latin, German, and Hungarian. Today, well-educated Slovaks speak English, Czech, German, Hungarian or Russian. Ukrainian and Polish speakers can also be found. This linguistic diversity is certainly due to the fact that Slovak shares a common border with Austria, Hungary, Ukraine, Poland and the Czech Republic. Along with the native Slovak speakers, there are a number of minorities who speak Slovak in addition to their native language, such as Ruthenian, Hungarian, Croatian, Polish, Ukrainian or Bulgarian. Czechs also usually understand Slovak. There are many similarities between Slovak and Czech, as both are western Slavonic languages, but Slovak is one of the easiest languages for other Slavonic speakers to learn.

This book is divided into four parts: a general introduction to the history, politics, culture and daily life of Slovakia and an introduction to the Slovak language; ten lessons with conversational dialogues and grammar lessons; an English-Slovak/Slovak-English glossary of vocabulary and an English-Slovak/Slovak-English glossary of special expressions. The lessons are designed for the beginner or traveler who wants to learn words and phrases for special situations as well as basic grammar. The lessons will not cover all grammar topics nor will they provide a rich vocabulary for sophisticated conversation. Instead they will teach one enough to feel comfortable in a variety of situations, that will be described in the following lessons.

GEOGRAPHY, HISTORY AND POLITICS

Slovakia is situated in central Europe. The exact geographic center of Europe is precisely located in the small Slovakian village of Krahule near Kremnica. (The Austrians claim this area as their Burgenland.) Slovakia borders the Czech Republic and Austria to the west, Poland to the north, the Ukraine in the east, and Hungary to the south. Slovakia lies between 16°50' and 22°34' east longitude and between 47°44' and 49°37' north latitude.

Slovakia covers an area of 18,925 square miles (49,039 square kilometers). Its length from east to west is 267 miles (428 kilometers). It has a population of 5,268,935 inhabitants. Of the total population, 85.6 percent is of Slovak nationality. Other nationalities include Hungarians, Czechs, Bulgarians, Gypsies, Romanians, Ukrainians, Ruthenians (inhabitants of a region south of the Carpathian Mountains) and Germans. The majority of the population is Roman Catholic, followed by a great number of Protestants and a smaller number of Byzantine Catholics and Orthodox Catholics. There is also a significant Jewish community living in Slovakia.

The capital of Slovakia is Bratislava, which has more than 500,000 inhabitants. Before 1918, Bratislava was called Pressburg (the Austrian German name) or Poszony (the Hungarian name). The names of greater cities in Slovakia are Košice, Banská Bystrica, Žilina, Nitra, Trnava, Martin, and Prešov. Two main mountains are Vysoké Tatry (High Tatras) and Nízke Tatry (Low Tatras), with the highest point being Gerlach Peak at 8,714 feet (2,656 meters). The main rivers are the Danube, Váh, and Hron.

From 1919 until 1992 Slovakia was an integral part of Czechoslovakia, with the exception of the years 1939-1945 when there existed a Slovak State. On January 1, 1993, after a constitutional law was passed for the

peaceful dissolution of the Czechoslovak federation, the independent
Slovak Republic was founded. It is now a member of the United Nations
and the Council of Europe. A Prime Minister and a democratically elected
Parliament head the government of Slovakia. The President is elected by
the Parliament for a five-year period.

The roots of Slovak history reach back to the Stone Age. Until the great
migrations of nations, people from a variety of ethnic groups and cultures
inhabited the region of contemporary Slovakia. As the first Slavs came to
the area at the end of the 5th century, the family tribe system was trans-
forming into a feudal society and the first state formations developed, such
as the Samo Empire and the Nitra principality.

In the 9th and 10th centuries, during the period of the Great Moravian Empire,
the first and historically most important state in Slovak history, Byzantine
culture reached Slovakia. Under its influence, the Old Slavic language and
the language of worship were developed. A decisive role in this process was
played by the scholars Cyril Constantine and Methodius, who came to Great
Moravia in 863 A.D. and created the first Slavic alphabet, called Glagolitic.
After the Great Moravian Empire ceased to exist, mainly due to attacks by
the nomadic Magyars (Hungarians), Slovakia was gradually incorporated
into the multinational domain of Hungary. The Hungarians in turn adopted
from the Slavic inhabitants their ways of tilling the fields, various trades,
and, in part, their state organization.

From the 11th to the 15th centuries, Hungary experienced a period of eco-
nomic and cultural expansion. Many artifacts from this time give testi-
mony to Slovak culture. Early archaeology shows that Roman armies
invaded the city of Trenčín. The culture was then mainly associated with
religion and with the monasteries of the Benedictine, Cistercian and Pre-
monstratian orders.

In Slovakia, all relics of basic art forms have been preserved and, in some
artistic realms, mainly that of woodcarving, works of European impor-
tance, such as the work of Mister Pavol from Levoča (16th century), have

been safeguarded as well. Venus of Moravany, a fascinating, 22,000-year old sculpture of a woman, is displayed in the Slovak National Museum in Hrad, the castle of Bratislava.

The 14th century castle of Zvolen was built by King Louis the Great (d'Anjou), king of Hungary, as a hunting lodge.

In 1465, the king Mathias Korvinus founded the Academia Istropolis in Bratislava. It is the oldest university in Slovakia. Today, it houses the Academy of Music and Drama (VŠMU).

Close to Bratislava, at the confluence of the Danube and Moravia rivers, lie the picturesque ruins of Devín, an ancient Slavic castle destroyed by Napoleon's army in 1809.

After the liberation of the central parts of the country from Turkish dominion in the 18th century, the capital city of Pressburg or Pozsony, now Bratislava, rapidly developed into a cultural center of the Hungarian kingdom. From 1454 to the end of the 18th century, the official seat of the Hungarian archbishop had been in Esztergom, but Turkish pashas had occupied the historical residence of Esztergom since 1543. The Hungarian archbishop had then fled to Pressburg. During that time many scientists and scholars of some significance, including the medical doctor and alchemist Paracelsus, visited Bratislava. René Descartes, for example, was in the city of Nové Zámky in the first half of the 17th century, with the French legions during the thirty-year war.

Under the Austro-Hungarian monarchy, Slovakia was also named "The Upper Hungary", while Hungary itself was called the Lower or Low Hungary. The Austrian empress Maria Teresia (Marie Therese) was crowned in the castle of Bratislava. After her death in 1780, the emperor Joseph II gradually transferred the central offices and institutions of the Austrian Empire to Buda, now Budapest in Hungary. In the second half of the 18th century, the influence of the Enlightenment brought a new important revival period of national identification to Slovakia. In the first half of the 19th century, official written Slovak was codified, based on the language of central Slovakia, which was considered a culturally pure area. Thus a seal was set on a process of establishing a Slovak literature and culture.

At the same time, Napoleon's army was victorious at the battle of Austerlitz (Slavkov). On December 26, 1805, the Pressburg Peace Treaty was signed in Bratislava's Primaciàlny palàc by Francis I, the German emperor of the Holy Roman Empire, and by Talleyrand, on Napoleon's behalf. This event changed the political map of Europe.

The 19th century brought freedom to many nations in Europe, but for the Slovaks in the Austro-Hungarian monarchy, it brought national tyranny. As a result of unbearable oppression and a failing economy, approximately a half million Slovaks left for the United States. Among these immigrants were: the father of artist Andy Warhol (Warhola), the Minister of Foreign Affairs Jozef Lettrich, the father of the Apollo 17 astronaut E. A. Cernan (Čerňan), shoe manufacturer John Baťa, the father of Fred Astaire, and millionaire Rudolf Manderla. The Slovaks living in the United States realized that the political situation in their country had to change. In 1915, the representatives of Slovak and Czech compatriot associations signed an agreement in Cleveland, Ohio for the establishment of a common federal state. On May 21, 1918, in Pittsburgh, Pennsylvania, another agreement was signed that supported the establishment of a common state for Czechs and Slovaks. This agreement was supposed to secure the Slovak Democratic Constitution, its administration, assembly, and courts, and Slovak as the official language. However, the Czech government did not implement the signed agreement to the degree that it was intended.

On September 29, 1938 in Munich, Germany, Italy, France, and England signed a contract, forcing Czechoslovakia to give up a part of its territory called 'Sudety.' On November 2, 1938, Germany and Italy asked to give the territory of southern Slovakia to Hungary. On March 13, 1939, Hitler invited Jozef Tiso, a Slovak priest and politician, to Berlin and gave him an ultimatum; either Slovakia would be divided between Germany, Hungary and Poland, or it would have to proclaim its independence (and be under heavy German influence). On March 14, 1939, an autonomous Slovak assembly proclaimed the independence of the Slovak State. On

March 15, 1939, Hitler occupied Prague and established a German "Protectorate" over Bohemia and Moravia.

In spite of the fact that the country grew economically and culturally, there was opposition to the dictatorial government. Numerous underground groups were quite active. Slovaks abroad enlisted in Czech-Slovak units who fought with allied forces against Nazi Germany. The resistance finally led to the Slovak National Uprising against German control on August 29, 1944. This uprising led to the defeat of the German army in occupied Slovakia. Through the Yalta Declaration of February 11, 1945, the Allied powers of the United States, England and the USSR divided Europe into two political spheres, putting Czechoslovakia under the communist sphere of influence, which would last for the next 45 years.

The tentative decision by Communist leader Alexander Dubček to introduce "socialism with a human face" ended abruptly in 1968, when the USSR invaded Czechoslovakia on August 21, assisted by troops from other Communist countries of Eastern Europe, who had signed the Warsaw Pact (with the exception of Romania). This military intervention ended the moderate democratization process of the 1960's and crippled the development of culture and art for another 21 years. Writers, philosophers, musicians, priests and publicists were persecuted and prevented from following their professions. Dubček himself was thrown out of the Communist party in 1969. The philosopher Milan Šimečka, the writer Václav Havel, now the President of the Czech Republic, and others were interrogated and imprisoned for years. The so-called consolidation process, according to the Soviet model, established a new iron curtain between the East and West and suddenly stifled creative activity.

In the late 1980's, the communist government of Jàn Jakeš fell apart due to moral and economic ruin. The moral decline was brought about by years of corruption, censorship, bribery, and protectionism within the communist party. In addition, political changes, in Poland under the Solidarita movement and in Moscow under Mikhail Gorbachev, who criticized the old communist regime, helped trigger the 'Velvet Revolution' of November 1989.

As disagreements between the Czechs and Slovaks intensified after the elections of 1990 — the first free elections since 1946 — Slovakia, under the leadership of the HZDS party, and without the consensus of the citizens of Slovakia, declared itself a sovereign state in July of 1992. In January of 1993, Czechoslovakia was replaced by two independent states, Slovakia and the Czech Republic. In February of 1993, Michal Kováč was elected president of the new country, and many embassies were quickly established in the capital. In 1999, a new president, Rudolf Schuster, and a new prime minister, Jozef Dzurinda, were elected. Hillary R. Clinton recently visited Slovakia, and a new ambassador of Slovakia to the United States was accepted by president Clinton.

PRACTICAL ADVICE FOR EVERYDAY LIFE

Public Transportation

The most common way to reach your destination in Slovakia is by the well-developed network of public transportation. Every city has adequate bus routes and a few of the larger cities have buses and trams. In the capital, you can also find trolley cars (**trolejbusy**). If you choose to ride on a bus, tram, trolley or train, you must purchase the appropriate ticket in advance. Tickets are purchased at newsstands, ticket counters or at orange-colored ticket vending machines that look like mailboxes and are located at most tram, trolley and bus stops. A single trip usually covers 1 to 15 stops. When changing to another tram, bus or trolley, you need a second ticket, and if you switch again, you need a third ticket. The tickets do not expire unless they are used. When entering the vehicle, they have to be devalued by using the hole-punching device. Occasionally, a controller will ask to see your ticket. Anyone traveling without a valid ticket will be fined 700 Sk (Slovak Crowns). There is no subway in Slovakia.

For longer distances, you may choose to travel by train. All railroad transportation is handled by Slovenské Železnice, whose headquarters are located in the Main Station in Bratislava (often called **Hlavné nádražie Bratislava** instead of **Hlavná stanica Bratislava**). Any location in the country can be reached by taking the train from the Main Station in Bratislava. Tickets can be purchased there in advance or immediately before the departure of a train. You have the choice between first and second class. It is a good idea to bring your own drinks and snacks for the trip, as the service is not always reliable. However, espresso, coffee and soda are sold on the train. Express trains to major cities do not stop in small towns and villages. They do have dining cars that serve tasty food. If you decide to leave the country by train, Slovakia is well connected to neighboring countries by railway. You may make reservations in advance and ask for a seat ticket (**miestenka**), so you can avoid riding on a train without getting a seat. International trains are usually equipped with sleeping cars. Trains are usually not air-conditioned, with the exception of the Intercity (international) Train.

You may choose the bus instead of a train, which is usually cheaper. You are advised to purchase the bus ticket in advance or one half-hour prior to departure. The bus station in Bratislava (**Autobusová stanica Nivy**) is open from early morning to midnight. Tickets can be purchased at the ticket counters. The daytime (6 A.M. to 6 P.M.) telephone number of the bus station (information) is (07) 55 57 13 12. Another telephone number is available after 6 P.M.

Taxi

If you would prefer a more convenient method of transportation and are ready to spend more money, take a taxi. Since fares may vary, ask for an estimate in advance. The meter indicates the cost, starting at 20 Sk. A ten minute drive is usually 150 Sk (around 4 U.S. dollars). The meter is placed in the front of the car, in the middle or on the right side.

For a half-hour ride, give a tip of about 10 Sk (25 cents). For rides of 150-200 Sk, a tip of 5 Sk is appropriate. Taxi drivers do not expect a tip for short rides.

There are several taxi companies in Bratislava that can be reached at the following numbers:

Hapl Taxi — (07) 39 18 81 or (07) 16 111 or 44 45 20 00
Otto Taxi — (07) 32 23 22 or 54 77 75 77

Car Rental

If you have an international driver's license, you can rent a car. You may do so at any large travel agency. The cars are equipped with standard transmissions. In Slovakia, gasoline is sold by the liter. One U.S. gallon equals 3.78 liters. There are fewer service stations than in the United States. They are usually attendant-served; some are self-service.

You are not permitted to make a right turn on red under any circumstance. The rule of right-of-way is very strictly enforced at intersections. You cannot make a left turn at major intersections unless there is a traffic light. The speed limit is marked in kilometers per hour, not in miles. Speed limits are posted on the right side of the road. Drunk driving is strictly forbidden. There is no allowable blood alcohol content level. If you test positive for any amount of alcohol, your driver's license may be confiscated on the spot.

Watch out for pedestrians, as they have the right-of-way over vehicles in many instances.

In the case of an emergency, dial:
— 158 or the city police (in Bratislava)
— 159, 150 for the fire department
— 155 for the ambulance service

Money Exchange and Currency

The official Slovak currency is the Slovak Crown (**jedna koruna**), abbreviated Sk. One Sk equals 100 halierov. You can exchange your foreign currency or traveler's checks at the Slovak National Bank, Czechoslovak Commerce Bank, VUB, Ľudová banka, Tatra banka, etc. or at most travel agencies, hotels, bus and train stations, as well as in smaller agencies with the "Exchange" sign. It is strongly advised not to change money on the street. You may use major credit cards at certain hotels, shops, department stores and restaurants. Your passport is required for exchange transactions.

There are 5,000, 1,000, 500, 200, 100, 50, and 20 Sk bills and 10, 5, 2, 1 Sk coins and 50, 20, 10 halierov. Please keep in mind that the thousand digits are separated by a period, not by a comma as in English, for example 1.000 Sk = 1,000 Sk, and the decimals are separated by a comma, for example 12,50 Sk = 12.50 Sk.

Shopping

Food

You might be surprised to find out that Slovak stores generally close much earlier than to what you may be accustomed. Most grocery stores are open from 7 A.M. to 6 P.M. or 8 A.M. to 6 P.M., sometimes until 6:30 or 7 P.M. A few stores stay open till 8 P.M. On Saturdays, stores close at 1 P.M., and on Sundays and holidays, stores are closed. The exception to the rule is the Tesco department store chain that is open Saturdays and Sundays at limited hours.

You will notice the lack of supermarkets. There is only one supermarket in Bratislava offering 12-hour service. The meat is not pre-packed. Prices are marked by the kilo. Bring a basket or bag to carry your purchased goods. While some stores provide bags, others will charge you for it. Fresh vegetables and fruits are usually cheaper at the market than in grocery stores. Food items usually carry the production date, and some dairy products have a date of expiration. Prices vary in shops and at the market. Keep in mind the season of the year, and do not expect strawberries or watermelons in winter or spring. Fresh tomatoes and bell peppers are a true sign of August. Bananas and citrus fruits are sold all the time. There are a great variety of good breads. You can find fresh bread at the bakery or the grocery. Small specialty stores like delis, liquor stores, or sweet shops (**cukráreň**) have always delighted Western tourists.

Everything is sold by metric measures:
1 kilogram = 2.2 lbs
1 meter = 3.3 feet
1 liter = 0.26 gallon

Apparel

European sizes differ from the U.S. sizes:

Women's sizes:
U.S. 8 = 38
U.S. 10 = 40
U.S. 12 = 42
Etc.

Women's shoes
U.S. 5 = 36
U.S. 6 = 37
U.S. 7 = 38
Etc.

Men's sizes:
U.S. 34 = 44
U.S. 36 = 46
Etc.

Men's shoes:
U.S. 7 = 39
U.S. 7½ = 40
U.S. 8 = 41
Etc. 9 = 43
    10 = 45   11 = 47   12 = 49

The large department stores and some boutiques offer clothes, shoes, and leather products. You can expect more specialized shops than department stores. Usually the clothes come in small, medium, large, and extra large and extra small sizes. The shoe stores have sales assistants who are willing to help you in finding your size. With the exception of restaurants, most stores do not accept credit cards.

Restaurants

Eating out has become rather expensive for Slovaks with an average income, but it is still very affordable for foreign tourists. You can find a variety of restaurants offering the standard Slovak meals in addition to daily specialties. Some fancy restaurants may offer a buffet with Hungarian, Italian, Polish, Czech, Russian or Austrian dishes, such as Viennese schnitzel, Hungarian goulash, Czech pork, cabbage with dumplings, Russian borscht, Italian pizza and pasta, for example.

You are seldom required to make reservations in advance, and you do not have to wait to be seated. Very few restaurants have separate smoking and non-smoking sections. There are a few restaurants with non-Slovak cuisine, but do not expect an abundance of Chinese, Japanese, or Italian restaurants.

Unlike the United States, water with ice is not served automatically. You will have to ask for ice cubes. Alcoholic drinks are served to anyone over the age of 18. Try to order Plzeň beer, some white Carpathian wines from Pezinok, Modra, Bratislava, Rača, Svätý Jur, the Nitra district or from East Slovakia. Slovakian alcoholic drinks (**pálenka**) include Borovička and Slivovica (Slivowitz), which are made from juniper berries and plums. There are also apricot or cherry palenkas, either domestic or foreign. Wines can be French, German, Italian, Croatian, Slovenian, Hungarian Tokajské (Tokaji), Spanish, Greek, or Portuguese. Šampanské, Russian sparkling wine (pink, white, and red), is very popular. Standard drinks such as scotch whiskey, gin, martinis, Campari, cognac, etc., are also served.

You may find one or two vegetarian restaurants in Bratislava, but do not expect salad bars in every city. Salads are served with the main course. The main meal consists of soup, followed by a meat dish and salad or fruit in heavy syrup, and dessert or coffee.

When you pay the bill, please include a tip of about 5% or ask if the tip is already included.

The Menu

aperitifs	**aperitív**
drinks	**pitie, nápoje**
hors d'oeuvre	**predjedlá**
soups	**polievky**
meat dishes	**mäsové jedlá**
fish dishes	**rybacie jedlá**
vegetarian dishes	**bezmäsité jedlá, vegetariánske jedlá**
flour dishes	**múčne jedlá**
side dishes	**vedľajšie jedlá**
salads	**šaláty**
desserts	**zákusky**

Slovaks are accustomed to saying **Dobrú chuť** ("Bon appétit") before starting to eat.

Introductions and Farewells

A more formal way of greeting is to include the time of day:

Dobré ráno	Good morning
Dobrý deň	Good day
Dobrý večer	Good evening
Dobrú noc	Good night

You may greet a younger person or someone you know very well in an informal way. The equivalent to the English "hi" and "hello" is **servus** or

ahoj. The word **dovidenia** means "good-bye." It is also equivalent to the expression "See you soon."

The traditional and formal way for a gentleman to greet a lady is "I kiss your hands" (**ruky bozkávam**), and it may include reaching for the lady's right hand and kissing it gently. You may hear children address an older person with the expression "I am kissing" (**bozkávam**), which is the shorter and more often used form of **ruky bozkávam**.

There are a number of rules when introducing someone. It is customary to introduce a younger person to an older person, and a subordinate to a superior. When giving a handshake, the older person or superior is the first to offer his hand and then give his name. In these situations the family name is used first, followed by the given name, for example, Kresánek, Jozef, or Kršáková, Elena.

Communications and Media

In Slovakia, many things are not just a phone call away. Some households are not yet equipped with a telephone. Public phones require coins or a phone card (for 150 Sk). Operators are available on a 12-hour basis. The best way to call overseas is via the main post office or with phone cards from a public phone. (For 4-5 minutes, you need at least 2 cards.) If you choose to call from a public phone, make sure to have enough change (you can use 10 Sk, 5 Sk, 2 Sk, and 1 Sk). Fax machines can be found at the main post office or hotels.

The *Slovak Spectator* is an English language biweekly newspaper, covering politics, economy, and arts as well as restaurants, biking, tours in Slovakia, and advertisement.

News in English are broadcast every day at 8:05 A.M. by Vienna Radio ORF 1.

Important Phone Numbers in Bratislava

Police – 158 or 159
Fire department – 150
Ambulance – 155
Emergency doctors – 39 49 49
Information – *for numbers in Slovakia:* 120, 121
            for international numbers: 0149, 0139; *fax:* 122
American Embassy – 54 43 08 61, 54 43 33 38

Post Office

The post office is open daily until 8 P.M. and on Saturdays until 2 P.M. It is closed on Sunday.

Cleaners

The čistiareň or chemická čistiareň companies offer dry cleaning and laundry services. Express and normal service is available all over the country.

Holidays

There are 11 national holidays. All offices, schools, and shops are closed on the following days:

January 1 – New Year's Day and Proclamation of the First Slovak Republic
January 6 – Three Kings
Good Friday – (April)
Easter Monday – (April)
May 1 – May Day
May 8 – The Day of Victory (end of the Second World War)

July 5 – Cyril and Method (religious commemoration of two brothers who introduced Christianity and the Cyrillic alphabet to the region in the 9th century)
August 29 – Slovak National Uprising
September 1 – Constitution Day (Slovak Republic)
September 15 – Virgin Mary (Feast of the Assumption)
November 1 – All Saints' Day
December 24, 25, 26 – Christmas

Easter Monday is celebrated in a different manner than in the United States. People decorate and color eggs at home. According to an old folk and probably pagan custom, the boy or man has to "water", that is, sprinkle eau de cologne or pour a glass of water on the girl or woman to keep her fresh. First the boy recites a poem to the girl, while gently whisking her leg(s) with a colorful willow (**korbáč**). In return, the girl gives decorated eggs to the boy, and eventually he is offered cold ham with horseradish and bread or German salad. Sometimes water from a bottle or bucket is cast on the woman, who tries to run away in excitement and laughter.

Time and Calendar

Slovak is located in the Central European time zone. Bratislava is ahead of U.S. Eastern Standard time by six hours, U.S. Pacific time by nine hours and London by one hour.
Slovakia uses daylight saving time from the end of March through the end of September.

Days of the Week

Pondelok	Monday
Utorok	Tuesday
Streda	Wednesday
Štvrtok	Thursday
Piatok	Friday

Sobota	Saturday
Neděľa	Sunday

Months of the Year

január	January
február	February
marec	March
apríl	April
máj	May
jún	June
júl	July
august	August
september	September
október	October
november	November
december	December

• Slovaks do not write the names of months in capital letters.

Seasons

jaro	spring
leto	summer
jeseň	fall
zima	winter

Time of the Day

ráno	morning
doobeda	late morning before noon
poludnie	noon
poobede	afternoon
večer	evening
noc	night

Asking for the Time

Koľko je hodín?	What time is it?
Trištvrte na deväť.	A quarter to nine.
Pol deviatej.	Half past eight.
Štvrť na deväť.	A quarter past eight.

1.00 = 1:00 A.M.
13.00 = 1:00 P.M.
8.00 = 8:00 A.M.
20.00 = 8:00 P.M.

ARTS IN SLOVAKIA

The Slovak cultural and scholarly tradition dates back to the Renaissance, when the Hungarian king Matias Korvinus founded the first university in Pressburg (Bratislava), the Academia Istropolitana. Another important university, University Tyrnaviensis, was established during the Baroque period in the ancient town of Trnava, also known as the "Slovak Rome."

Evidence of past civilizations from the following time periods, including great monuments and artifacts, well or poorly preserved today, are found in Slovakia:

• Paleolithic, Mesolithic, and Neolithic objects and sculptures such as the Moravany Venus.

• Bronze Age, Hallstatt Age (earlier Iron Age), and Celtic objects.

• Roman, Old Slavic, Sam's Realm (620 A.D.), and objects of the Avarian era.

• Svätopluk's Great Moravian Realm (800-1,000 A.D.): architectural excavations in Ducové-Kostelec and in the Devín castle fortress near Bratislava.

• Romanesque churches, abbeys, rotundas, sculptures, and mural paintings in Nitra, Diakovce, Spišská Kapitula, Dechtice, and Illya.

• Gothic cathedrals, castles, town castles, Roman Catholic churches and monasteries in Bratislava, Spiš, Zvolen, Trenčín, Spišský Štvrtok, Košice, Spišská Sobota, Bardejov, Strážky, Kremnica, Žehra, and Červený Kláštor.

It is a sad fact that most of the medieval architecture and sculptures of the basilicas and monastic churches were ravaged during numerous wars. Often only broken fragments remain, scattered in the Slovak hills and plains. There are few churches and castles whose facades and interior sculptures, paintings and furnishings are still intact today.

The monuments from the Renaissance and Baroque periods, however, are better preserved:

- Renaissance manors, town halls, mining towns, belfries in Levoča, Banská Bystrica, Strážky, Moravany, Budatín, and Bytča.

- Baroque castles, palaces, churches, manors, houses, columns, and parks in Bratislava, Trnava, Humenné, Banská Štiavnica, Antol, Levoča, and Nitra.

- Classicist palaces, manors, castles, libraries, and houses in Bratislava, Košice, Kežmarok, Topolčianky, and Dolná Krupá.

- Historic buildings, palaces, manors, theaters, and baths in Bratislava, Budmerice, Košice, Trenčianske Teplice, and Betliar.

- Art Nouveau tenements, mausoleums, universities, and hotels in Bratislava, Piešťany, Krásnohorské Podhradie, Brezová pod Bradlom, and Košice as well as modern architecture.

- The Levoča winged altar dating from the 16th century by Mister Pavol from Levoča, with its exquisite wood-carved biblical, is one of the major European Gothic works of art.

The spiritual heritage of writers, scientists, philosophers, national revivalists, and musicians is primarily responsible for the historical and cultural continuity of the Slovak people. As the Slovak language was not codified until the 19th century, by Ľudovít Štúr, the works of Slovak writers, such as the great Romantic poet Pavol Országh Hviezdoslav, were never translated into other languages. Slovak literature, songs, and scientific treatises remained unknown to the world. The majority of Slovak writers of the 18th, 19th and 20th centuries, such as J. Bernolák, J. Hollý, J. Kráľ, P.O. Hviezdoslav, J. Tajovský, J. Kalinčiak, I. Krasko, J. Jesenský, C. Hronský, and J. Smrek, have yet to be translated. Because of the lack of working opportunities in Slovakia, some of the important authors of the 19th century chose to live abroad, for example the poet Ján Kollár, who became a professor at the university of Vienna, or the first professional composer Ján Levoslav Bella, who lived in Sibiu, Romania.

Some of the works of contemporary writers, for example D. Tatarka, P. Karvaš, M. Rúfus, D. Dušek, who won the Prize of the Slovak Writers Union in 1992, D. Mitana, P. Vilikovský and I. Štrpka, have recently been translated or staged abroad. The promising young author Martin M. Šimečka received the Pegasus Prize in 1993 for his novel *Gin*, and a special award in San Francisco in 1998.

Works of the composers of the 19th and early 20th century J. L. Bella, F. Kafenda, A. Albrecht, and A. Moyzes were rarely performed outside Slovakia. It was only in the second half of the 20th century that Slovak composers were given the opportunity to have their works performed abroad. The operatic, symphonic, and chamber works by E. Suchoň, J. Cikker, I. Zeljenka, R. Berger, M. Bázlik, J. Beneš, and J. Sixta, should be mentioned as well. Cikker and Berger received the Herder Prize from the University of Vienna, M. Bázlik received the Switzerland Prize, and Mr. Beneš has been given a number of national and international awards.

Twentieth-century Slovakia has an especially vibrant fine arts community with artists such as G. Mallý, M. Benka, M. Bazovský, J. Galanda, V. Fulla, A. Jasuš, E. Filla, J. Brunovský, and J. Jankovič. Slovak arts and crafts, on display in Slovakian museums, are based on the rich traditions of the past.

The Slovak National Theater, the SND Opera, and experimental theaters in Bratislava play an important role in the cultural life of the country. Among the playwrights whose works are performed are T. Williams, J.-P. Sartre, L. Pirandello, S. Mrožek, B. Vian, Hviezdoslav, Tajovský, Stodola, Karvaš, and opera composers Suchoň, Cikker, Beneš, M. Bázlik, and J. Hatrík. Opera stars such as Edita Grúberová, the queen of coloratura soprano who now lives in Switzerland, P. Dvorský, and G. Beňačková, who lives in New York, are recognized worldwide.

Slovak films represent another cultural 'export article' of the past few decades. The films *Paper's Heads* and *Pink Dreams* by director B. Hanák received international prizes at the San Francisco Film Festival in 1997 and at the Mannheim Film Festival in 1972.

THE SLOVAK LANGUAGE

The Slovak language belongs to the group of Western Slavonic languages, a branch of the Indo-European language family. The Slavonic languages developed from one common predecessor, the Old Slavonic language. About ten modern Slavonic languages exist today, divided into three groups: Eastern Slavonic (Byelorussian, Ukrainian, and Russian), Western Slavonic (Czech, Slovak, Polish), and Southern Slavonic (Slovene, Serbian, Croatian, Macedonian, and Bulgarian). The most widely spoken among them today is Russian. Slovak is spoken by five million people in Slovakia and by a half million people outside of Slovakia.

Old Slavonic, or Protoslavonic, has a recorded tradition dating from the period of the Svätopluk's Great Moravian realm in the 9th century. Slovak literature, written in Cyrillic script in the so-called Staroslovenčina, or Old Slovak, was already flourishing during the Baroque period, but it became even more important after the era of Romanticism. The most famous Hungarian poet Šándor Petöfi (Slovak name: Šándor Petrovič) was born and raised in Slovakia. Early literary works were shared in cities and in the country among the educated people, aristocracy, priests, landowners, and merchants. These literary works became very popular after the First World War.

Characteristic Slovak Phonetic Features

Slovak spelling is fundamentally phonetic, with one letter of the alphabet corresponding to one sound. Some sounds are marked by combinations of two letters: **dz, dž,** and **ch.** Others have accents or diacritical marks: á, ä, č, ď, é, í, ľ, ĺ, ň, ó, ô, š, ť, ú, ž, ý.

- There are hard and soft consonants.

- The hard consonants are: **b, ch, f, g, h, k, m, p, r, v.**

- The soft consonants are: **č, ď, dž, ľ, ň, š, ť, ž.**

- The consonants that can be both hard or soft are: **c, d, dz, l, n, s, t, z.**

- The softening sign ˘ is placed above the consonants **c, d, l, n, s, t, z,** and **dz.**

- Accented vowels: **a** with an umlaut: **ä,** and **o** with a circumflex: **ô** (called a **vôkaň**).

The soft consonants, as indicated by the sign ˘, like **š** (pronounced sh like in *slash*), **č** (pronounced ch like in *ranch*), **ž** (pronounced s like in *pleasure*), and **dž** (pronounced g like in *gentry*) exist in English, but are written differently.

The other special accents, the circumflex and the umlaut, are rarely used. The circumflex is used for the vowel **o** only, and the umlaut is used only for the vowel **a,** for instance: **kôň** (horse), **vôľa** (will), **vôl** (ox), **mäso** (meat), and **päta** (heel).

Another important feature is the tonic stress that is always placed on the first syllable of a word, with the exception of prepositions.

As with the majority of Slavic languages, Slovak is inflected, i.e. nouns, pronouns, numerals and adjectives change according to case and singular/plural number (declension). Verbs change their forms according to person and tense (conjugation).

THE SLOVAK ALPHABET, PRONUNCIATION AND WORD STRESS

Letter	Pronunciation
a	like **u** in *bus*
ä	like **a** in *back*
b	like **b** in *baby*
c	like **ts** in *cats*
č	like **ch** in *chocolate*
d	like **d** in *deal*
ď	**dyuh** as in *would you*
dz	like **ds** in *woods*
dž	like **j** in *jingle*
e	like **e** in *elbow*
f	like **f** in *from*
g	like **g** in *gravitation*
h	like **h** in *horrible*
ch	**huah** as in *hurrah* or *loch*
i	like **i** in *litigation*
j	like **y** in *you*
k	like **k** in *token*
l	like **l** in *low*
ľ	soft **lye** or **lyuh** sound
m	like **m** in *mother*
n	like **n** in *noon*
ň	like **ni** in *onion*
o	like **o** in *obey*
ô	**wo** as is in *won't*
p	like **p** in *please*
r	like **r** in *rug* but rolled

s	like **s** in *sing*
š	like **sh** in *shop*
t	like **t** in *take*
t'	**tyuh** as in *must you*
u	like **u** in *fool*
v,w	like **v** in *violet*
x	like **cs** in *ecstasy*
y	like **i** in *milk*
z	like **z** in *zoo*
ž	like **s** in *pleasure*

Word Stress

The first syllable of every word is stressed:

matka	mother
riaditeľ	director
demokracia	democracy
matematika	mathematics
Hviezdoslav	19th century Slovak poet

Monosyllabic words:

krb fireplace
sup vulture
krk throat
kŕč spasm

The accent ´ prolongs the syllable and makes an additional stress in a word. Polysyllabic words may contain an accent on the first, middle or last syllables. Some words contain both a stress at the beginning and the stress from the prolonged syllable, for example:

DRA - ma - tic - KÝ dramatic
ME - ta - mor - FÓ - zy metamorphoses

MOD - RÝ blue
KRÁS - ny beautiful

Prepositions unite with the following word and the stress is on the preposition:

For example: **NA stole** on the table
KU mne towards me
PRI stole at the table
NA aute on the car

This does not apply for prepositions like **v**, **k**, and **s** when opposed with **vo**, **ku**, **so**, **pri**, **cez**, etc.:

For example: **v MOjej ruke** in my hand
s TEbou with you

Vowels

Vowels can be either long or short. The accent ´ indicates the long vowel and a prolonged sound.

Short vowels: **a, e, i, o, u, y**

For example: **alebo** or
Elena Ellen
otec father
ulica street
ypsilon the letter y

Long vowels: **á, é, í, ó, ú, ý** (with the accent ´ placed above the vowel)

For example: **ária** aria
estét aesthete

Rím Rome
mólo mole
úlomok splinter
žltý yellow

Consonants

Consonants: **b, c, d, f, g, h, ch, j, k, l, m, n, p, r, s, t, v, w, x, z**

Soft consonants: **č, ď, ľ, ň, š, ť, ž**

For example: **čas** time
ďateľ woodpecker
ľudstvo mankind
ňuch scent
škrob starch
ťava camel
žart joke (noun)

The long consonants **ŕ** and **ĺ** occur rarely:

For example: **kŕdeľ** flock, brood
kŕč spasm
skĺznuť to slip (on ice, etc.)

ABBREVIATIONS

Acc.	Accusative
adj.	adjective
adv.	adverb
Dat.	Dative
f.	feminine
Gen.	Genitive
Instr.	Instrumental
lit.	literally
Loc.	Locative
m.	masculine
n.	noun
Nom.	Nominative
nt.	neuter
pl.	plural
pron.	pronoun
sg.	singular
v.	verb

LESSON ONE

PREDSTAVOVANIE SA
INTRODUCTIONS

V lietadle

V lietadle z New Yorku do Bratislavy sedia dve dvojice v tom istom rade.

JOZEF: Prepáčte, sú to vaše poháre? Práve spadli.

EVA: Ďakujem. Aké šťastie, že sa nerozbili!

JOZEF: Je toto vaša prvá cesta do Bratislavy?

EVA: Nie, ideme späť z Ameriky na návštevu po 35 rokoch.

ELENA: Máte ešte príbuzných na Slovensku?

PETER: Nie, nemáme. Sme na obchodnej ceste, ale by sme radi videli viac krajinu. Volám sa Peter Konečný a toto je moja žena Eva.

JOZEF: Som Jozef Šimonovič a toto je moja žena Elena. Bývame v Bratislave. Navštívili sme Ameriku.

EVA: Čím sa živíte?

JOZEF: Elena je učiteľka a ja som lekár. A čo vy?

PETER: Eva pracuje v banke a ja predávam kompútre so synom. Máte deti?

ELENA: Áno, syna a dcéru. Chodia do základnej školy. Stará mama sa teraz o nich stará. Som si istá, že na nás čakajú na letisku.

EVA: Pozri, už pristávame!

On the Airplane

On the plane from New York to Bratislava, two couples are sitting in the same row.

JOZEF: Excuse me, are these your glasses? They just fell down.

EVA: Thanks. What luck that they didn't break!

JOZEF: Is this your first trip to Bratislava?

EVA: No, we are going back to visit after 35 years in America.

ELENA: Do you still have relatives in Slovakia?

PETER: No, we don't. We are on a business trip, but we would like to see more of the country. My name is Peter Konečný and this is my wife Eva.

JOZEF: I'm Jozef Šimonovič and this is my wife Elena. We live in Bratislava. We visited America.

EVA: What do you do for a living?

JOZEF: Elena is a teacher, and I am a doctor. And what about you?

PETER: Eva works in a bank and I sell computers with my son. Do you have any children?

ELENA: Yes, a son and a daughter. They go to elementary school. Their grandmother is taking care of them now. I'm sure they are waiting for us at the airport.

EVA: Look, we are already landing.

VOCABULARY

prvý	first
lekcia	lesson
on/ona	he/she
predstavovanie	introduction
lietadlo	airplane
dvojica	a couple
žena	woman
sedieť	to sit
ten istý	the same
poháre	glasses
spadnúť	to fall down
rozbiť sa	to break
áno	yes
nie	no
my	we
chodiť, ísť do	to go (to)
navštíviť	to visit
príbuzný	relative
Slovensko	Slovakia
sme	we are
obchod	business
vidieť	to see
viac	more
krajina	country
a	and
žena	wife
bývať, žiť	to live
učiteľka	teacher
ja	I
lekár	doctor
čo	what
vy	you (formal)
banka	bank

byť zamestnaný	to be employed
predávať	to sell
kompúter	computer
syn	son
dieťa	child
chlapec	boy
dievča	girl
škola	school
stará mama	grandmother
starať sa o	to take care of
som	I am
sú	they are
čakať	to wait
letisko	airport
letieť	to fly
už	already
pristávať	to land
jeden	one
dve	two
ale	but
toto	this
tamten	that
práve	just
teraz	now
šťastie	luck
všeobecný	general
že	that
po prvý raz	for the first time
cestovať	to travel
iste	surely
vrátiť sa	to return
rok	year
pozrieť sa na	look at
ešte	still
tiež	also

jedlo	food
hra	game
dobrá nálada	good mood
kniha	book
stolička	chair
okno	window
auto	car
lampa	lamp
dom	house
rieka	river
dovoliť	to let, to allow
potrebovať	to need

EXPRESSIONS

Prepáčte!	Excuse me!
Ďakujem.	Thank you.
Rada by som videla.../ Rád by som videl...	I would like to see...
Nie je/Nie sú...	There is no/There are no...
Dovoľte, aby som sa predstavil.	Let me introduce myself.
Volám sa...	My name is...

GRAMMAR

1. Word Order

The Slovak language basically keeps this word order:
SUBJECT – VERB – OBJECT.

Ja vidím matku.   I see my mother.

The sentence can consist of a **verb (+ object)** only, because the verb ending (the suffix) already includes the personal pronoun:

Vidím matku.   I see my mother.
Vidím knihu.   I see a book.
Vidíme knihu.   We see a book.
Zastali.   They stopped.
Prší.   It is raining.

2. Articles

There are no definite or indefinite articles.

kniha   book/the book/a book
žena   woman/the woman/a woman

3. Demonstrative Pronouns

Pronouns agree in gender with the noun they are modifying.

Singular
tento muž   this man
táto žena   this woman
toto dieťa   this child
– used for close persons and objects –

tamten	that (m.)
tamtá	that (f.)
tamto	that (nt.)

– used for remote persons and objects –

Plural

títo	these (m.)
tieto	these (f. and nt.)

– used for close distance –

tamtí	those (m.)
tamtie	those (f. and nt.)

– used for remote distance –

EXAMPLES:

Tieto ženy sú prvé.	These women are the first.
Tieto deti sú moje a tamtie sú môjho priateľa.	These children are mine and those are my friend's.
Toto je moja kniha.	This is my book.
Chcete toto pero alebo tamto?	Do you want this pen or that one?
Mám rada tieto TV programy.	I like these programs.

4. Adjectives

Adjectives agree with the gender and number of the noun they describe: masculine, feminine, or neuter, and singular or plural.

Singular suffixes

-ý (m.)	**prvý rad**	first row
-á (f.)	**prvá návšteva**	first visit
-é (nt.)	**prvé lietadlo**	first airplane

Plural suffixes

-é (m. and f.)	prvé poháre	first glasses (m.)
	prvé ženy	first women (f.)
-í (m.)	prví muži	first men

– used for living masculine persons only –

5. Adverbs

The adverb is formed from the adjective by replacing the suffix **-ý**, **-á**, or **-é** by the suffix **-e** or **-o**:

Adjective		*Adverb*	
zlý	bad (m.)	**zle**	badly
krásna	beautiful (f.)	**krásne**	beautifully
ostré	sharp (nt.)	**ostro**	sharply
rýchly	quick (m.)	**rýchlo**	quickly

Some adverbs are identical to adjectives:

pomalý	slow (m.)	**pomaly**	slowly

The only difference is in the long vowel **-ý** in the adjective and the short one **-y** in the adverb.

Adverbs can be placed either at the beginning (1), in the middle (2), or at the end (3) of the sentence:

(1) **Dobre som sa najedol.**	I ate well.
(2) **Vidím ho často v divadle.**	I often see him in the theater.
(3) **Slnko sa hýbe pomaly.**	The sun moves slowly.

6. Familiar and Formal Form for Addressing a Person or Group

The polite form of address consists of the personal pronoun **Vy** (you, plural). The polite form is used when addressing a superior or an older person, a stranger, or an acquaintance. It is used for female and male individuals alike. When addressing friends, children, or relatives, the familiar form of address is used: **ty** (you, singular).

Ty prídeš autobusom.	You will come by bus. (familiar address)
Vy prídete autom.	You will come by car. (formal address)

Lesson Two

COLNICA
AT CUSTOMS

Príchod do Bratislavy

Pas

JOZEF: Tu si môžete vyzdvihnúť batožinu, tam je pasová kontrola.

PETER: Ďakujem.

ÚRADNÍK: Dobré ráno. Mohol by som vidieť vaše pasy prosím? Máte slovenské mená. Hovoríte ešte po slovensky?

PETER: Samozrejme, tu sme sa narodili.

ÚRADNÍK: Ako dlho tu budete a kde ste ubytovaní?

EVA: Sme ubytovaní v hoteli Fórum na dva týždne.

ÚRADNÍK: Veľmi pekne vám ďakujem. Prosím choďte na colnicu.

Colnica

ÚRADNÍK: Dobré ráno. Máte niečo na preclenie?

PETER: Nič, doniesli sme iba malé darčeky.

ÚRADNÍK: Rád by som si pozrel tento kufor. Prosím, otvorte mi ho.

PETER: Samozrejme, nech sa páči.

ÚRADNÍK: V poriadku, ďakujem. Prajem vám peknú dovolenku. Dovidenia.

Arriving in Bratislava

Passport

JOZEF: You can pick up your luggage over here, and over there is the passport control.

PETER: Thank you.

ÚRADNÍK: Good morning. May I see your passports, please? You have Slovak names. Do you still speak the language?

PETER: Of course, we were born here.

ÚRADNÍK: How long will you be here and where are you staying?

EVA: We will be staying at the Fórum hotel for two weeks.

ÚRADNÍK: Thank you very much. Please proceed to customs.

Customs

ÚRADNÍK: Good morning. Do you have anything to declare?

PETER: No, we brought only small gifts.

ÚRADNÍK: I'd like to see this suitcase. Could you open it for me, please?

PETER: Of course, here you are.

ÚRADNÍK: Everything is all right, thank you. Have a nice vacation here. Good-bye!

VOCABULARY

druhý	second
colnica	customs
colná prehliadka	customs check
príchod	arrival
pas	passport
tu	here
vyzdvihnúť si	to pick up
batožina	luggage
tam	there
colník	customs officer
dobrý	good
slovensky	Slovak
meno	name
hovoriť	to speak
jazyk, reč	language
samozrejme	of course
narodiť sa	to be born
ty (sg.)	you
vy (pl.)	you
kde	where
ubytovať sa	to stay at
precliť	to declare
doniesť	to bring
iba	only
malý	small
dar	gift
otvoriť	open
možno	possible
všetko	everything
poriadok	order
prázdniny	vacation
priať	to wish
skontrolovať	to check

žena	woman
šaty	clothes
večer	evening
ráno	morning
balík	package
požiadať o	to ask for
pekný	nice
stôl	table
dvere	door
oni	they
pošta	post office
koľko	how many
autobus	bus
čas	time
električka	tram
metro	subway
vlak	train
americký	American
niečo	something
turista	tourist

EXPRESSIONS

Dobré ráno!	Good morning!
Ako dlho...?	For how long...?
Prosím...	Please...
Ďakujem vám veľmi pekne.	Thank you very much.
Prosím choďte na (do)...	Please go to the ...
Nech sa páči.	Here you go.
Dovidenia!	Good-bye!

GRAMMAR

1. Cases

Like other Slavic languages, the Slovak language uses a system of cases to indicate the relationship of words with one another in a sentence. In this system, for example, the endings of nouns change to indicate that a noun is the subject of a verb, or its direct or indirect object, et cetera. The subject of the verb has a certain ending, the direct object a different one, the object of a preposition still another one. Therefore a case is the indication of the use of a word in the structure of a sentence. In such a structure, the relationship of words with one another in the sentence is not indicated by the order of the words but by their endings. The various forms of a word in all its cases, singular or plural, form a declension. The different classes of nouns, pronouns, and adjectives, including possessives and demonstratives, are all declined in the singular and the plural, and take a different ending for each of the various cases.

Slovak has seven cases:

- The **nominative** answers the question *who* (+ verb)*?* or *what* (+ verb)*?* (English subject)

- The **genitive** answers the question *whose?* or *of whom?* or *of what?* (English "possessive", object of a noun)

- The **accusative** answers the question *whom?* or *what?* (English "direct object")

- The **dative** answers the question *to whom?* or *to what?* (English "indirect object")

- The **vocative** (identical with the **nominative**) is used when *addressing a person or a thing.*

- The **locative** answers the questions *about whom?* or *about what?* The **locative** is always preceded by a preposition such as: **o** (about), **pri** (next to), **v** (in), **po** (after), **na** (o). In a sentence, the **locative** answers the question *where?*

• The **instrumental** answers the questions *with whom?*, *by whom?*, *with what?* or *by what?*

2. Personal Pronouns

The personal pronouns are:

Singular
ja   I
ty   you
on   he
ona   she
ono   it

Plural
my   we
vy, Vy   you
oni   they

Pronouns have six cases: nominative, genitive, dative, accusative, locative and instrumental.

Declension of personal pronouns:

	Nominative	*Genitive*	*Dative*
1st sg.	ja	mňa	mne, mi
2nd sg.	ty	teba	tebe, ti
3rd sg. *(m.)*	on	neho	nemu, mu
(f.)	ona	nej	nej, jej
(nt.)	ono	neho	nemu, mu
1st pl.	my	nás	nám
2nd pl.	vy	vás	vám
3rd pl.	oni	nich	nim, im

	Accusative	Locative	Instrumental
1st sg.	mňa, ma	mne	mňou
2nd sg.	teba, ťa	tebe	tebou
3rd sg. *(m.)*	neho, ho	ňom	ním
(f.)	ňu, ju	nej	ňou
(nt.)	neho, ho	ňom	ním
1st pl.	nás	nás	nami
2nd pl.	vás	vás	vami
3rd pl.	nich, ich	nich	nimi

- The singular has two different forms in the dative and accusative, and the plural has two different forms in the dative (see above table).

- The forms beginning with **n-** are used after prepositions such as **od/odo** (from, since, of, by), **k/ku** (to, towards, for), **na** (on, upon, at, for), **o** (about), and **s** (with).

EXAMPLES:

Without prepositions –

daj <u>mi</u> to	give it to me (*dative*)
vidím <u>ho</u>	I see him (*accusative*)
vidím <u>ťa</u>	I see you (*accusative*)
vidím <u>vás</u>	I see you (pl.) (*accusative*)
videl som <u>ho</u>	I saw him (*accusative*)
videl som <u>ich</u>	I saw them (*accusative*)

With prepositions –

Túto knihu mám od <u>nej.</u>	I got this book from her. (*genitive*)
Hovorím o <u>nej.</u>	I speak about her. (*locative*)
S <u>ním</u> idem do kina.	I go with him to the movies. (*instrumental*)

3. Agreement of the Subject and Predicate

Subject and predicate agree in number (singular/plural) and gender (masculine, feminine).

toto je žena	this is a woman
tieto sú ženy	these are women
tamto je stôl	that is a table
tamtie sú stoly	those are tables

4. The Infinitive of the Verb

The infinitive is formed by adding the suffix **-ť** (i.e. -ať, -ovať, -iť, -ieť, -uť).

EXAMPLES:

ísť	to go
letieť	to fly
čakať	to wait
sedieť	to sit
spadnúť	to fall
pracovať	to work
potrebovať	to need

5. The Present Tense of the Verb "byť" (to be)

The verb **to be** is an irregular verb.

som/ja som	I am
si/ty si	you are
je/on/ona/ono je	he/she/it is
sme/my sme	we are
ste/vy ste	you are
sú/oni sú	they are

Ja som (I am), **my sme** (we are), etc., places the emphasis on the person or object by including the pronoun.

Som, sme, je (I am, we are, he/she/it is) stresses the subject matter or action. This form is used more often.

A sentence can therefore consist of a verb only, without a personal pronoun, for example:

sme	we are, we exist
prší	it is raining, it rains

6. The Negative Form of the Verb "byť" (to be)

The negative is formed by adding "**nie**" before the verb.

ja nie som/nie som	I am not
ty nie si/nie si	you are not
on/ona/ono nie je/nie je	he/she/it is not
my nie sme/nie sme	we are not
vy nie ste/nie ste	you are not
oni nie sú/nie sú	they are not

(ja) nie som herečka	I am not an actress
(oni) nie sú príbuzní	they are not relatives
(my) nie sme tu	we are not here

In the shorter form, the pronouns (**ja, ty, on**, etc.) are omitted.

LESSON THREE

MIESTNA DOPRAVA
LOCAL TRANSPORTATION

Taxík

Šimonovičovci sa stretnú s ich deťmi a starou mamou pri východe.

DIEVČA: Aký bol let mami?

ELENA: Let bol perfektný. Stretli sme milú dvojicu v lietadle. Čoskoro ich uvidíš, lebo prídu na budúci týždeň na večeru.

JOZEF: Poďme domov. Tam je stanovište taxíka.

VODIČ: Dobré ráno. Kde by ste radi ísť?

JOZEF: Dunajská ulica 5, v obvode staré mesto. Viete kde to je?

VODIČ: Áno, v starom meste. Myslím, že budete potrebovať dve autá. Máte príliš veľa batožiny a päť ľudí (osôb) sa nezmestí do jedného auta.

JOZEF: V poriadku. Elena, ty choď s deťmi a stretneme sa doma.

JOZEF: Máme šťastie, že bola malá premávka. Prosím, tu zastavte, toto je náš dom. Koľko to stojí?

VODIČ: Tachometer ukazuje 244 korún.

JOZEF: Nech sa páči, 250 korún. Drobné si nechajte. Mohli by ste mi dať potvrdenku?

VODIČ: Áno.

JOZEF: Ďakujem vám, dovidenia.

Taxi

The Šimonovičs meet their children and their grandmother at the exit.

GIRL: How was your flight, mom?

ELENA: It was perfect. We met a nice couple on the airplane. You'll see them soon because they will come to dinner next week.

JOZEF: Let's go home. There is a cabstand.

DRIVER: Good morning. Where would you like to go?

JOZEF: Danube Street 5, downtown. Do you know where it is?

DRIVER: Yes, downtown. I think you will need two cars. You have too much luggage and five people can't fit in one car.

JOZEF: It is all right. Elena, you go with the kids. See you at home.

JOZEF: We were lucky that the traffic was very light. Please stop here, this is our house. How much is it?

DRIVER: The meter shows 244 Slovak Crowns.

JOZEF: Here you are, 250 Crowns. Keep the change. Could you, please, give me a receipt?

DRIVER: Yes.

JOZEF: Thank you. Good-bye.

VOCABULARY

tretí	third
doprava	transportation
taxík	cab
stretnúť sa	to meet someone
východ	exit
bol	was
let	flight
matka	mother
lietadlo	plane
čoskoro, skoro	soon
lebo, pretože	because
večera	dinner
dom	home
stánok	stand
stanovište taxíka	cabstand
vodič	driver
prísť	to go
auto	car
obvod, štvrť	district
ulica	street
vedieť	to know
kde	where
rozumieť	to understand
príliš	too (much)
veľa	many, much
päť	five
ľudia	people
zmestiť sa	to fit into
doma	at home
šťastný	lucky
premávka	traffic
zastaviť	to stop
prístroj	meter

ukazovať	to show
účet	bill
platiť	to pay
potvrdenka	receipt
dostať	to get
dať	to give
písať	to write
okrem	besides
ani	neither
aký druh	what kind
veľmi	very
milý	dear
veľký	big
budúci	future
začať	to start
čítať	to read
vziať, brať	to take
podľa	according to

EXPRESSIONS

Poďme domov.	Let's go home.
V poriadku.	It's all right.
Stretneme sa doma.	See you at home.
Prosím, nech sa páči, tu sú.	Here you go.
Nechajte si drobné.	Keep the change.
Tachometer ukazuje...	The meter shows (lit.: reads)...
Koľko to stojí?	How much is it?
Kde chcete ísť?	Where would you like to go?
Mohli by ste mi dať...?	Could you give me...?
Myslím	I think (lit.: I believe)
Staré mesto	Old City with historical center (downtown)
malá premávka	light traffic

GRAMMAR

1. Conjunctions

<u>a, i</u> and
muži a ženy/muži i ženy   men and women

<u>alebo</u> or
ty alebo ja   you or me

<u>ale</u> but
môj projekt je dobrý,   my project is good,
   ale tvoj je lepší   but yours is better
bol som chorý, ale som prišiel   I was sick, but I came

2. Prepositions

<u>v in</u> (used with the *locative*)
v meste   in the city
v mojej hlave   in my head

<u>od</u> from
toto je od môjho otca   this is from my father
tento list je od nej   this letter is from her

<u>do</u> in, into
idem do mesta   I am going (in) to the city
do mojej ruky   into my hand

<u>z</u> from (used with the *genitive*)
z tejto krajiny   from this country
zo srdca   from the heart

po after (used with the *locative*)
po poslednom dni   after the last day

na on (used with the *locative*)
na stole   on the table
stáť na ulici   to stand in (lit.: on) the street

s so (used with the *instrumental*)
idem s tebou   I am going with you
hovor so mňou   speak with me

o about, on (used with the *locative*)
hovor o ňom   speak about him
kniha o hudbe   a book about music

kde where
kde si?   where are you?
kde to je?   where is it?
uvidíte, kde bývam   you will see where I live

pri next to (used with the *locative*)
dom stojí pri rieke   the house stands next to the river
sedí pri mne   he/she/it is sitting next to me

pre for (used with the *accusative*)
toto je pre mňa   this is for me
urob to pre mňa   do it for me

cez through (used with the *accusative*)
auto ide cez most   a car drives over (lit.: through) a bridge

krížom across
krížom cez ulicu   across the street

3. Gender of Nouns

Nouns can be either masculine, feminine, or neuter in gender. Noun endings in the Nominative singular form indicate the gender of the noun. In order to use the correct form of the adjective or pronoun, it is necessary to master the gender of nouns.

Masculine Nouns
Most masculine nouns end with:

• a hard consonant: **-k, -p, -r, -t, -z**

• a soft consonant: **-č, -ľ, -ň**

• the suffix **-a**

EXAMPLES:

• for animate beings ending with a consonant: **doktor** (physician), **učiteľ** (teacher), **fyzik** (physicist)

• for animate beings with the ending **-a**: **sluha** (servant), **vodca** (leader)

• for inanimate objects ending with various consonants: **meč** (sword), **uterák** (towel)

Feminine Nouns
Most feminine nouns end in **-a** or the soft consonants **-ň** or **-ť**:

EXAMPLES:

• for animate beings: **žena** (woman), **ryba** (fish)

• for inanimate beings: **ulica** (street), **topánka** (shoe)

• for inanimate beings with soft endings: **dlaň** (palm), **kosť** (bone)

N.B. Masculine nouns become feminine by adding the suffix **-ka**:

doktor – doktorka	doctor
učiteľ – učiteľka	teacher
taxikár – taxikárka	taxi driver
milovník – milovníčka	lover (of poetry, music, etc.)
herec – herečka	actor, actress

Neuter Nouns
Neuter nouns end in **-o**, **-e**, **-ie**, **-a**:

EXAMPLES:

• for animate beings: **dieťa** (child), **dievča** (girl)

• for inanimate beings: **mesto** (city), **čakanie** (waiting), **srdce** (heart)

Lesson Four

—◁●▷—

UBYTOVANIE
ACCOMMODATIONS

V hoteli

Pán a pani konečná práve prišli do hotelu Fórum.

PETER: Dobré ráno. Volám sa Peter. Rezervoval som izbu pre dvoch z New Yorku.

ÚRADNÍK: Áno. Prosím vyplňte tieto formuláre. Ďakujem. Tu je kľúč. Číslo vašej izby je 312. Je na treťom poschodí. Výťah je napravo, vedľa schodov. Vaša batožina bude okamžite vo vašej izbe.

PETER: Kde môžme parkovať?

ÚRADNÍK: V podzemnom parkovišti.

EVA: Mohli by ste mi povedať, kedy a kde môžme raňajkovať? Počula som, že sú zahrnuté v cene.

ÚRADNÍK: Áno, sú v reštaurácii, krížom od baru. Môžte tam raňajkovať od siedmej ráno do desiatej. Ale môžte tiež požiadať službu.

EVA: Aký druh služieb ponúkate?

ÚRADNÍK: Tu na prízemí máme holičstvo, obchod s darčekami a výmenu peňazí. Bazén a klub sú na prízemí. Ak potrebujete niečo iné, dajte mi vedieť.

At the Hotel

Mr. and Mrs. Konečný just arrived at the Fórum Hotel.

PETER: Good morning. My name is Peter. I reserved a room for two from New York.

CLERK: Yes, sir. Please fill in these forms. Thank you. Here is the key. Your room number is 312. It is on the third floor. The elevator is on the right, next to the stairs. Your luggage will be in your room immediately.

PETER: Where can we park?

CLERK: In the hotel's underground parking lot.

EVA: Could you tell me when and where we can have breakfast? I've heard that it's included in the price.

CLERK: Yes, in the restaurant across from the bar. You can have breakfast there from 7 A.M. to 10 A.M. But you can also ask for room service.

EVA: What other kinds of services do you offer?

CLERK: Here on the first floor we have a hairdresser, a gift shop and a currency exchange counter. The swimming pool and the health club are in the basement. If you need anything else, please let us know.

VOCABULARY

štvrtý	fourth
ubytovanie	accommodation
prísť	to arrive
hotel	hotel
portier	front desk clerk
rezervovať	to reserve
pán	sir
vyplniť	to fill in
kľúč	key
poschodie	floor
výťah	elevator
napravo	right
vedľa	next to
schody	stairway
parkovať	to park
parkovisko	parking lot
povedať	to say, tell
raňajky	breakfast
počuť	to hear
zahrnuté v	included in
raňajkovať	to have breakfast
reštaurácia	restaurant
bar	bar
oproti	opposite
ale	but
služba na izbe	room service
prízemie	first floor
holič	hairdresser
obchod	shop
výmena peňazí	money changer or money exchange
bazén	swimming pool
miestnosť na cvičenie	workout room
podzemie; suterén	basement

podzemný	underground
ak	if
niečo	anything
čašník	waiter
papier	paper
miesto	place
zrovna	right away
hovoriť	to speak
prísť	to come
poď'!	come!
jesť	to eat
piť	to drink
kedy	when
spať	to sleep
jablko	apple
tak, že	so that
využiť	to take advantage of

EXPRESSIONS

Môžte mi povedať...?	Can you tell me...?
Počul som, že...	I heard that...
Prosím opýtajte sa, či...	Please ask, if...
Pre dvoch.	For two persons.
Dajte mi vedieť.	Let me know.

GRAMMAR

1. Declension of Masculine and Feminine Nouns

Slovak has specific forms for declined animate and inanimate nouns in each gender, with endings for each case. Nouns have a different form for each gender and for singular and plural.

Masculine Nouns

☛ Inanimate nouns ending with a soft consonant, for example **meč** (sword):

	Singular	*Plural*
Nominative	meč	meč-**e**
Genitive	meč-**a**	meč-**ov**
Dative	meč-**u**	meč-**om**
Accusative	meč	meč-**e**
Locative	meč-**i**	meč-**och**
Instrumental	meč-**om**	meč-**mi**

The following nouns have the same pattern of declension:

plameň (pl. *plamene*)	flame
kľúč (pl. *kľúče*)	key
koberec (irregular pl. *koberce*)	carpet
koreň (pl. *korene*)	root
orchester (irregular pl. *orchestre*)	orchestra
peniaz (pl. *peniaze*)	money

☛ Inanimate nouns ending in **-r**, for example **dvor** (court):

	Singular	*Plural*
Nominative	dvor	dvor-**y**
Genitive	dvor-**a**	dvor-**ov**

Dative	dvor-**u**	dvor-**om**
Accusative	dvor	dvor-**y**
Locative	dvor-**e**	dvor-**och**
Instrumental	dvor-**om**	dvor-**mi**

The following nouns have the same pattern of declension:

dom (pl. *domy*)   house
uterák (pl. *uteráky*)   towel
úrad (pl. *úrady*)   office

☞ Animate nouns ending in a consonant, for example, **chlap** (fellow):

	Singular	*Plural*
Nominative	chlap	chlap-**i** (or -**ovia**)
Genitive	chlap-**a**	chlap-**ov**
Dative	chlap-**ovi**	chlap-**om**
Accusative	chlap-**a**	chlap-**ov**
Locative	chlap-**ovi**	chlap-**och**
Instrumental	chlap-**om**	chlap-**mi**

The following nouns have the same pattern of declension:

lekár (pl. *lekári*)   physician
spisovateľ (pl. *spisovatelia*)   writer
prezident (pl. *prezidenti*)   president

☞ Animate nouns ending in **-a**, for example **sluha** (servant):

	Singular	*Plural*
Nominative	sluha	sluh-**ovia**
Genitive	sluh-**u**	sluh-**ov**

Dative	sluh-**ovi**	sluh-**om**
Accusative	sluh-**u**	sluh-**ov**
Locative	sluh-**ovi**	sluh-**och**
Instrumental	sluh-**om**	sluh-**ami**

Feminine Nouns

☛ Feminine nouns ending in **-a** and soft consonants **-ň** and **-ť**, for example **žena** (woman):

	Singular	*Plural*
Nominative	žena	žen-**y**
Genitive	žen-**y**	žien
Dative	žen-**e**	žen-**ám**
Accusative	žen-**u**	žen-**y**
Locative	žen-**e**	žen-**ách**
Instrumental	žen-**ou**	žen-**ami**

The following nouns have the same pattern of declension:

ruka (pl. *ruky*)	hand
topánka (pl. *topánky*)	shoe
myšlienka (pl. *myšlienky*)	thought
idea (pl. *idey*)	idea
kniha (pl. *knihy*)	book
izba (pl. *izby*)	room

☛ Nouns ending in **-ca**, **-na**, **-ia**, for example **ulica** (street):

	Singular	*Plural*
Nominative	ulica	ulic-**e**
Genitive	ulic-**e**	ulíc

Dative	ulic-i	ulic-iam
Accusative	ulic-u	ulic-e
Locative	ulic-i	ulic-iach
Instrumental	ulic-ou	ulic-ami

The following nouns have the same pattern of declension:

stanica (pl. *stanice*)	train station
filharmónia (pl. *filharmónie*)	philharmonic
kúpeľňa (pl. *kúpeľne*)	bathrooms
sukňa (pl. *sukne*)	skirt

☞ Nouns ending in the soft consonant **-ň**, for example **dlaň** (palm):

	Singular	*Plural*
Nominative	dlaň	dlan-e
Genitive	dlan-e	dlan-í
Dative	dlan-i	dlan-iam
Accusative	dlaň	dlan-e
Locative	dlan-i	dlan-iach
Instrumental	dlaň-ou	dlaň-ami

The following nouns have the same pattern of declension:

lekáreň (pl. *lekárne*)	drugstore
úroveň (pl. *úrovne*)	level

☞ Nouns ending in the soft consonant **-ť**, for example **kosť** (bone):

	Singular	*Plural*
Nominative	kosť	kost-i
Genitive	kost-i	kost-í

Dative	kost-**i**	kost-**iam**
Accusative	kosť	kost-**i**
Locative	kost-**i**	kost-**iach**
Instrumental	kosť-**ou**	kosť-**ami**

The following nouns have the same declension pattern:

ľúbosť (*pl.* ľúbosti)	love
hlúposť (*pl.* hlúposti)	stupidity, nonsense
veľkosť (*pl.* veľkosti)	greatness, size

2. Declension of Neuter Nouns

Neuter nouns have four different declinations:

a) **mesto** -   city, ending in -**o**
b) **srdce** -   heart, ending in -**e**
c) **dievča** -   girl, ending in -**a** (animate)
d) **obilie** -   grain, ending in -**ie**

a) **mesto** — city

	Singular	*Plural*
Nominative	mesto	mestá
Genitive	mesta	miest
Dative	mestu	mestám
Accusative	mesto	mestá
Locative	meste	mestách
Instrumental	mestom	mestami*

*Note change to short **a**.

The following nouns are declined according to the same pattern:

jablko (pl. *jablká*)	apple
ráno (pl. *ráná*)	morning
auto (pl. *autá*)	car
divadlo (pl. *divadlá*)	theater
pero (pl. *perá*)	pen
ministerstvo (pl. *ministerstvá*)	ministry

b) **srdce** — heart

	Singular	*Plural*
Nominative	srdce	srdcia
Genitive	srdca	sŕdc*
Dative	srdcu	srdciam
Accusative	srdce	srdcia
Locative	srdci	srdciach
Instrumental	srdcom	srdcami

* Note long ŕ.

c) **dievča** — girl

	Singular	*Plural*
Nominative	dievča	dievčatá
Genitive	dievčaťa	dievčat
Dative	dievčaťu	dievčatám
Accusative	dievča	dievčatá
Locative	dievčati	dievčatách
Instrumental	dievčaťom	dievčatami

d) **obilie** — grain

	Singular	*Plural*
Nominative	obilie	obilia
Genitive	obilia	obilí*
Dative	obiliu	obiliam
Accusative	obilie	obilia
Locative	obilí	obiliach
Instrumental	obilím*	obiliami

* Note **i** changes to **í.**

The following words are declined according to the same pattern:

čakanie	waiting
poschodie	floor
poludnie	noon
popoludnie	afternoon

3. Geographical Names

Rivers are usually feminine, for example **Temža, Loára, Wisla, Vltava, Odra, Mózela.** Exceptions are: **Rýn** and **Dunaj**, which are masculine. Oceans are masculine: **Pacifický oceán** (the Pacific Ocean). Seas are neuter: **Baltické** (the Baltic Sea).

Most countries are neuter, and end in **-o**:

Bulharsko	Bulgaria
Dánsko	Denmark
Francúzsko	France
Grécko	Greece
Holandsko	the Netherlands

Írsko	Ireland
Japonsko	Japan
Maďarsko	Hungary
Nemecko	Germany
Poľsko	Poland
Rusko	Russia
Slovensko	Slovakia
Taliansko	Italy

Exceptions are countries ending in **-a**. These are feminine, for example:

Amerika	America
Brazília	Brazil
Canada	Canada
Kórea	Korea

Islands ending in **-a** are feminine:

Kréta	Crete
Sardínia	Sardinia
Sicília	Sicily

Continents are feminine in gender: **Európa, Ázia, Antarktída, Afrika, Amerika, Austrália.**

Street names are usually feminine, ending in **-a**, for example: **Krížna, Mudroňova, Haydnova, Mozartova, Hlboká**, etc., but they may occur in the masculine gender also, for example **Jaskový rad**.

Squares or places are neuter: **Hviezdoslavovo námestie, Jakubovo námestie**. The abbreviation of **námestie** (square, place) is **nám.**

Months and years are always masculine, for example: **január, február**, and **rok** (year) 2000, etc.

LESSON FIVE

PÝTANIE SA NA SMERY
ASKING FOR DIRECTIONS

Idúc k pošte

Pán a pani Konečná cheú poslať domov listy.

EVA: Prepáčte. Mohli by ste mi povedať, kde je najbližšia pošta?

CHODCA: Áno, pošta je blízko. Choďte priamo touto cestou až po prvú križovatku. Otočte sa do ľava a pri druhom rohu sa otočte do prava. Pošta je tretia budova. Ale môžte tiež ísť električkou číslo 6. Prvá zastávka je múzeum. Druhá je veľký obchodný dom. Tam vystúpte a budete práve pred poštou.

EVA: Ďakujem vám.

Na pošte

PETER: Dobrý deň. Radi by sme postali tieto listy do Ameriky.

ÚRADNÍK 1: Prosím choďte k tretiemu okienku. Toto je len pre balíky.

PETER: Koľko stoja tieto listy do New Yorku letecky?

ÚRADNÍK 2: Musím ich najprv odvážiť. Stojí to 132 korún.

PETER: Ďakujem vám. Za koľko dní tam prídu?

ÚRADNÍK 2: Približne za týždeň.

EVA: Ďakujem. Dovidenia.

Going to the post office

Mr. and Mrs. Konečná want to send letters home.

EVA: Excuse me. Could you tell me where the nearest post office is?

PEDESTRIAN: Yes, it is within walking distance. Go straight down this
              street until the first light. Turn left and at the second corner,
              turn right. The post office is the third building. But you can
              also take the number 6 tram. The first stop is the museum.
              The second is a big supermarket. Get off there and you will
              be right in front of the post office.

EVA: Thank you.

At the post office

PETER: Good afternoon. We'd like to send these letters to America.

CLERK 1:   Please go to the third window. This is for packages only.

PETER: How much does it cost to send these letters by airmail to
                New York?

CLERK 2:   I have to weigh them first. It's 132 Crowns.

PETER: Thank you. In how many days will they get there?

CLERK 2:   In about one week.

EVA: Thanks. Good-bye.

VOCABULARY

piaty	fifth
poslať	to send
list	letter
domov	home
najbližší	the nearest
blízko	within walking distance
poslať poštou	to mail
priamo	straight ahead
najprv	first
križovatka	light
otočiť sa, obrátiť sa	to turn
roh	corner
vľavo, do ľava	to the left
do prava, vpravo	to the right
zastávka	stop
múzeum	museum
obchodný dom	supermarket
vystúpiť	to get off
práve	right
pred	in front of
úradník	clerk
letecky	by airmail
musieť	must, have to
vážiť, odvážiť	to weigh
dostať sa	to get
za týždeň	in a week
približne	approximately, about
po ceste, idúc	on the way
chodca	pedestrian
peši	on foot
odkiaľ	where from
hotel	hotel
kto	who

alebo	or
malý	small
príborník	cupboard
krík	bush, shrub
budova	building
strom	tree
továreň	factory
záhrada	garden
divadlo	theater
taška	bag
rozprávať príbeh	to tell a story
most	bridge
mesto	city, town
až po	until

EXPRESSIONS

Pýtanie sa na smery	Asking for directions
Pán Konečný	Mr. Konečný
Pani Konečná	Mrs. Konečný
Pani a pán Konečný	Mrs. and Mr. Konečný
Pán Konečný a pani Konečná	Mr. and Mrs. Konečný
Stojí to 5 korún.	It's 5 Crowns.

GRAMMAR

1. The Present Tense

The present tense indicates that the action is happening at the present time. It is used for a continued or incomplete action or an action that continues over an indefinite period of time.

teraz čítam knihu	I am reading a book now
často čítam knihy	I often read books
mama číta ráno	my mother reads in the morning

The present tense is formed from the infinitive of the verb by dropping the infinitive ending and adding to the verb stem (or root) the ending that agrees with the subject.

1ˢᵗ sg. (I)	**-m**
2ⁿᵈ sg. (you)	**-š**
3ʳᵈ sg. (he, she, it)	—
1ˢᵗ pl. (we)	**-me**
2ⁿᵈ pl. (you)	**-te**
3ʳᵈ pl. (they)	**-jú**

• The 3ʳᵈ person singular does not change verb form.

• Also note that when a verb is conjugated, the personal pronouns are usually omitted. The personal pronoun is only placed in front of the verb when the subject is stressed (**ja čítam** I read/am reading).

EXAMPLES:

čítať — to read

The **-ť** is dropped, and an ending is added to the root of the verb, **číta,** for each of the six persons.

čítam	I read/am reading
čítaš	you (sg.) read/are reading
číta	he/she/it reads/is reading
čítame	we read/are reading
čítate	you (pl.) read
čítajú	they read

Conjugation of verbs ending in -ť:

	robiť – to do	**končiť** – to end
1st sg.	robím	končím
2nd sg.	robíš	končíš
3rd sg.	robí	končí
1st pl.	robíme	končíme
2nd pl.	robíte	končíte
3rd pl.	robia	končia

• **musieť** – must
  (musím, musíš, musí, musíme, musíte, musia)

Conjugation of verbs ending in -sť, -ať:

	ísť – to go	**prísť*** – to come
1st (sg.)	idem	prídem
2nd (sg.)	ideš	prídeš
3rd (sg.)	ide	pride
1st (pl.)	ideme	prídeme
2nd (pl.)	idete	prídete
3rd (pl.)	idú	prídu

	mat' – to have	spievat' – to sing
1st (sg.)	mám	spievam
2nd (sg.)	máš	spievaš
3rd (sg.)	má	spieva
1st (pl.)	máme	spievame
2nd (pl.)	mate	spievate
3rd (pl.)	majú	spievajú

	písat'** – to write	viem* – to know
1st (sg.)	píšem	viem
2nd (sg.)	píšeš	vieš
3rd (sg.)	píše	vie
1st (pl.)	píšeme	vieme
2nd (pl.)	píšete	viete
3rd (pl.)	píšu	vedia

* irregular verb
** -a is changed to -e in the verb root

2. The Interrogative

The interrogative sentence is simply formed by adding a question mark at the end of the sentence. The structure of the sentence does not change. Interrogative pronouns, such as **co** (what), **kto** (who), **ako** (how), **kedu** (what), are placed at the beginning of the sentence.

EXAMPLES:

Čitam.	I am reading.
Čitam?	Am I reading?
Ozaj.	Really.
Ozaj?	Really?
Ideš domov.	You go home.
Ideš domov?	Are you going home?
Ako si to urobil?	How did you do it?
Čo chceš?	What do you want?

LESSON SIX

IDÚC VON
GOING OUT

V reštaurácii

PETER: Dobrý večer. Máme rezerváciu pre štyroch na meno Konečný.

ČAŠNÍK: Dobrý večer. Nasledujte ma, prosím. Vyhovuje vám tento stôl?

PETER: Ľutujem, ale je veľmi blízko hudobnej skupiny. Mám rád cigánsku hudbu, ale obávam sa, že bude príliš hlasná pre konverzáciu.

ČAŠNÍK: Je tento tichý roh lepší?

PETER: Áno, ďakujem vám.

ČAŠNÍK: Čo si dáte na pitie?

EVA: Dala by som si suché Martini.

ELENA: Aj ja si dám jedno.

JOZEF: Pán Konečný, chceli by ste ochutnať slovenskú pálenku? Ja si dám slivovicu. Nevadilo by vám, keby ste sa pridali ku mne?

PETER: Iste, prečo nie?

ČAŠNÍK: Tu sú jedálne lístky. Kým si ich pozriete, donesiem vaše nápoje.

ELENA: Eva! Peter! Prečo sme formálni? Prečo nás nevoláte Eva a Jozef?

EVA: Dobre. Medzi priateľmi je to omnoho ľahšie. Nazdravie!

VŠETCI: Nazdravie!

ČAŠNÍK: Ste hotoví si objednať?

EVA: Áno, rada by som si dala zemiakovú polievku, grilované kurča s uhorkovým šalátom.

ELENA: Rada by som jedla fazuľovú polievku a vyprážaný syr s ryžou.

PETER: Rád by som si objednal mäsovú polievku a plnené papriky.

JOZEF: Dám si dusený kotlet s pomfritkami (vyprážanými zemiakami).

ČAŠNÍK: Môžem navrhnúť dobré slovenské víno k vašej večeri? Kláštorné červené je polosladké červené víno, kým muškátové je sladšie.

PETER: Dáme si Kláštorné červené.

ČAŠNÍK: Ďakujem vám.

Jedlo prichádza a každý začína jesť.

JOZEF: Ako sa cítite doma?

EVA: Veľmi dobre. Bratislava sa hodne zmenila, sotva sme ju mohli spoznať.

PETER: Videli sme veľa krásnych miest počas naších prechádzok. Neradi tu chodíme (ideme) autom, lebo sa tu ťažko parkuje a premávka je tak veľká.

ELENA: Preto ideme električkou. Autom ideme iba vtedy, keď odchádzame z mesta na konci týždňa.

ČAŠNÍK: Ako sa vám páčila večera?

PETER: Bola chutná.

EVA: Už dlho som nemala také dobré jedlo.

ČAŠNÍK: Dáte si zákusok alebo kávu?

PETER: Nie, ďakujem vám. Radi by sme platiť.

Čašník prináša účet. Peter platí a dáva sprepitné čašníkovi.

At the Restaurant

PETER: Good evening. We have a reservation for four under the name
         of Konečný.

WAITER: Good evening. Please follow me. Would this table be suitable
         for you?

PETER: I am sorry, but it is too close to the band. I like gypsy music,
         but I'm afraid it will be too loud for conversation.

WAITER: Would this quiet corner be better?

PETER: Yes, thank you.

WAITER: What would you like to drink?

ELENA: I would like to have a dry Martini.

EVA: I will have one, too.

JOZEF: Mr. Konečný, would you like to taste the Slovak drink
         pálenka? I will have a Slivowitz. Would you like to join me?

PETER: Sure, why not!

WAITER: Here is the menu. While you take a look at them, I will bring
         your drinks.

ELENA: Eva! Peter! Why are we so formal? Why don't you call us
         Elena and Jozef?

EVA: All right. It's a lot easier among friends. Cheers!

ALL: Cheers!

WAITER: Are you ready to order?

EVA: Yes, I would like to have a potato soup, grilled chicken, with
         cucumber salad.

ELENA: I would like to eat bean soup and breaded cheese with rice.

PETER: I would like to order meat soup and stuffed peppers.

JOZEF: I will have a stewed cutlet with fried potatoes.

WAITER: May I suggest some good Slovak wine with your dinner?
         Kláštorné červené is a semisweet red wine, while Muscatel is a
         sweeter white one.

PETER: We will have the Kláštorné červené.

WAITER: Thank you.

The food arrives and everybody starts to eat.

JOZEF: How do you feel being back home?

EVA: Very good, Bratislava has changed a lot. We could hardly
         recognize it.

PETER: We saw many beautiful places during our walks. We don't like
         to drive here because it's so difficult to park and the traffic is
         so heavy.

ELENA: That's why we take the tram. We only drive when we leave the
         town on the weekends.

WAITER: How did you like your dinner?

PETER: It was delicious.

EVA: I haven't had such good food for a long time.

WAITER: Would you like some dessert or coffee?

PETER: No, thank you. We would like the check, please.

The waiter brings the bill. Peter pays it and gives a tip to the waiter.

VOCABULARY

šiesty	sixth
idúc von	going out
von	out
štyria	four (persons)
meno	name
čašník	waiter
byť vhodný	to be suitable
blízko	close
hudobná	band
mať rád	to like
cigánska hudba	gypsy music
hlasno, hlasný	loud
tichý	quiet
konverzácia	conversation
roh	corner
lepší	better
piť	to drink
suchý	dry
ochutnať	to taste
pripojiť sa	to join
istotne, iste	sure
jedálny lístok	menu
pozrieť sa na	to take a look at
kým, zatiaľ čo	while
napoj, pitie	drink
pálenka	alcoholic drink
slivovica	Slivowitz (an alcohol)
prečo	why
formálny	formal
ľahšie	easier
medzi priateľmi	among friends
nazdravie!	cheers!
objednať si	to order

objednať si	to order
zemiaková polievka	potato soup
grilované kurča	grilled chicken
uhorkový šalát	cucumber salad
fazuľa	bean
výprážaný syr	breaded cheese
ryža	rice
mäso	meat
plnená paprika	stuffed pepper
dusený kotlet	stewed cutlet
pomfritky	fried potatoes
navrhnúť	to suggest
slovenské víno	Slovak wine
s	with
polosladké	semisweet
červené víno	red wine
sladšie	sweeter
biely	white
jedlo	food
každý	everybody
začínať	to start
cítiť (sa)	to feel
zmeniť sa	to change
sotva	hardly
vidieť	to see
krásne miesto	beautiful place
počas	during
prechádzka	walk *n.*
mnoho	a lot of
nasledovať	to follow
nejaký	some
ťažký	difficult

EXPRESSIONS

Dobrý veečer.	Good evening.
Ľutujem...	I am sorry...
Obávam sa, že...	I am afraid that...
Nevadí vám, ak sa ku mne pridáte?	Would you like to join me?
Prečo nie!	Why not!
pozrieť sa na niečo	to take a look at something
Nazdravie!	Cheers!
Ako vám chutila večera?	How did you like your dinner?
Vyhovuje vám tento stôl/	Would this table be suitable?
Bol by tento stôl vhodnejší?	
Čo si dáte na pitie?	What would you like to drink?
Dal by som si/Rád by	I would like to have...
som si dal...	
Ste hotoví (pripravení)	Are you ready to order?
si objednať?	
Ako sa cítite doma?	How do you feel being back home?
na konci týždňa	on the weekends
Na meno...	Under the name of...
Nasledujte ma prosím.	Follow me, please.
Bol by lepší tento roh?	Would this corner be better?
Čo by ste chceli piť?	What would you like to drink?
veľká premávka	heavy traffic
chodiť (ísť autom)	to drive (a car)
Preto...	That is why...

GRAMMAR

1. The Past Tense

In Slovak, the simple past tense is used to express all actions that have taken place in the past.

The simple past tense has four endings:

-l   m.
-la   f.
-lo   nt.
-li   pl. (for all genders)

Masculine:

hral som	I performed (music)
hral si	you performed
hral	he performed
hrali sme	we performed
hrali ste	you performed
hrali	they performed

Feminine:

hrala som	I performed (music)
hrala si	you performed
hrala	she performed

– plural forms same as masculine –

Neuter:

hralo	it performed

– plural form same as masculine –

EXAMPLES:

pršať	to rain
pršalo	it rained

čakať	to wait
čakal som	I waited (m.)
čakala som	I waited (f.)
čakalo	it waited (nt.)
čakali sme	we waited
čakali ste	you waited
čakali	they waited

Chcel prísť do školy.	He wanted to come to school.
Nemohla prísť o šiestej.	She could not come at six.
Videla som Halleyho kométu.	I saw Halley's comet.
Hrali sme šach.	We played chess.

Overview of Verbs in the Past Tense:

byť – to be

1st (s.)	bol (m.)/bola (f.) som
2nd (s.)	bol (m.)/bola (f.) si
3rd (s.)	bol (m.)/bola (f.)/bolo (nt.)
1st (pl.)	boli (m.)/boli (f.) sme
2nd (pl.)	boli (m.)/boli (f.) ste
3rd (pl.)	boli (m./f./nt.)

mať – to have

1st (s.)	mal (m.)/mala (f.) som
2nd (s.)	mal (m.)/mala (f.) si
3rd (s.)	mal (m.)/mala (f.)/malo (nt.)
1st (pl.)	mali (m.)/mali (f.) sme
2nd (pl.)	mali (m.)/mali (f.) ste
3rd (pl.)	mali (m./f./nt.)

chciet' – to want

1st (s.)	chcel (m.)/chcela (f.) som
2nd (s.)	chcel (m.)/chcela (f.) si
3rd (s.)	chcel (m.)/chcela (f.)/chcelo (nt.)
1st (pl.)	chceli (m.)/chceli (f.) sme
2nd (pl.)	chceli (m.)/chceli (f.) ste
3rd (pl.)	chceli (m./f./nt.)

môct' – can *irregular

1st (s.)	mohol (m.)/mohla (f.) som
2nd (s.)	mohol (m.)/mohla (f.) si
3rd (s.)	mohol (m.)/mohla (f.)/ mohlo (nt.)
1st (pl.)	mohli (m.)/mohli (f.) sme
2nd (pl.)	mohli (m.)/mohli (f.) ste
3rd (pl.)	mohli (m./f./nt.)

• Note that the masculine, feminine and neuter plural forms are identical.

Reminder:
There is another form of "bol som" (I was), which includes the personal pronoun, placed in front of the verb. The word order is different:

byt' – to be

1st (s.)	ja som bol (m.)/ja som bola (f.)
2nd (s.)	ty si bol (m.)/ty si bola (f.)
3rd (s.)	on bol (m.)/ona bola (f.)/ono bolo (nt.)
1st (pl.)	my sme boli (m./f.)
2nd (pl.)	vy ste boli (m./f.)
3rd (pl.)	oni boli (m./f./nt.)

mat' – to have

1st (s.)	ja som mal (m.)/ja som mala (f.)
2nd (s.)	ty si mal (m.)/ty si mala (f.)

3rd (s.)	on mal (m.)/ona mala (f.)/ono malo (nt.)
1st (pl.)	mali sme (m./f.)
2nd (pl.)	mali ste (m./f.)
3rd (pl.)	mali (m./f./nt.)

• Note: The vôkaň ô is to be omitted in the past tense, but not in the present tense (môžem, môžeš, môže, môžeme, môžete, môžu).

2. Diminutives

Diminutives are used among family and close friends, for reference to young people, and in poetry and literature.

The diminutive is formed by the following suffixes:

-ko   m.
-ka   f.
-tko nt.

EXAMPLES:

otec	father	⇨ **otecko**
matka	mother	⇨ **mamička**
dcéra	daughter	⇨ **dcérka**
syn	son	⇨ **synček** (irregular)
dieťa	child	⇨ **dieťatko**
dievča	girl	⇨ **dievčatko**

Poetical diminutives:

ruka	hand	⇨ **rúčka**
lúka	meadow	⇨ **lúčka**
vietor	wind	⇨ **vetrík**

• Note: In some words and names, the root of the word changes.

3. Numbers

Cardinal numbers are declined in the same way as nouns.

Ordinal numbers are declined in the same way as adjectives.

	Cardinal Number	*Ordinal Number*
1	jeden	prvý
2	dva	druhý
3	tri	tretí
4	štyri	štvrtý
5	päť	piaty
6	šesť	šiesty
7	sedem	siedmy
8	osem	ôsmy
9	deväť	deviaty
10	desať	desiaty
11	jedenásť	jedenásty
12	dvanásť	dvanásty
13	trinásť	trinásty
14	štrnásť	štrnásty
15	pätnásť	pätnásty
16	šestnásť	šestnásty
17	sedemnásť	sedemnásty
18	osemnásť	osemnásty
19	devätnásť	devätnásty
20	dvadsať	dvadsiaty
21	dvadsať jeden	dvadsiaty prvý
22	dvadsať dva	dvadsiaty druhý
30	tridsať	tridsiaty
40	štyridsať	štyridsiaty
50	päťdesiat	päťdesiaty
60	šesťdesiat	šesťdesiaty
70	sedemdesiat	sedemdesiaty

80	osemdesiat	osemdesiaty
90	deväťdesiat	deväťdesiaty
100	sto	stý
101	sto jedna	sto prvý
110	sto desať	sto desiaty
120	sto dvadsať	sto dvadsiaty
150	sto päťdesiat	sto päťdesiaty
200	dvesto	dvestý
201	dvesto jedna	dvesto prvý
210	dvesto desať	dvesto desiaty
220	dvesto dvadsať	dvesto dvadsiaty
250	dvesto päťdesiat	dvesto päťdesiaty
300	tristo	tristý
400	štyristo	štyristý
500	päťsto	päťstý
600	šesťsto	šesťstý
700	sedemsto	sedemstý
800	osemsto	osemstý
900	deväťsto	deväťstý
999	deväťsto deväťdesiat deväť	d.d.deviaty
1000	tisíc	tisíci
1001	tisíc jedna	tisíc prvý
1010	tisíc desať	tisíc desiaty
1020	tisíc dvadsať	tisíc dvadsiaty
1100	tisíc sto	tisíc stý
1500	tisíc päťsto	tisíc paťstý
2000	dve tisíc	dve tisíci
10,000	desať tisíc	desaťtisíci
90,000	deväťdesiat tisíc	deväťdesiat tisíci
100,000	sto tisíc	sto tisíci
200,000	dvesto tisíc	dvesto tisíci
1,000,000	milión	miliónty
2,000,000	dva milióny	dva miliónty
5,000,000	päť miliónov	päť miliónty

| 1,998 | tisíc deväťsto deväťdesiat osem | t.d.d. ôsmy |
| 1,600 | tisíc šesťsto | tisíc šesťstý |

rok tisíc sedemsto päťdesiat päť   the year 1755
rok dvetisíc   the year 2000

štvrtina	quarter
jedna tretina	third
polovica	half
tri štvrtiny	three quarters
dve tretiny	two thirds

LESSON SEVEN

NÁKUP
SHOPPING

V obchodnom dome

Eva a Peter chcú ísť nakupovať do luxusného obchodu.

EVA: Peter, ponáhľaj sa. Obchod sa zatvára o 18.00 (6 P.M.) a ak sa oneskoríme, musíme sa vrátiť späť zajtra po 10 ráno.

EVA: Dobrý deň. Radi by sme kúpiť letný oblek pre môjho manžela.

PREDAVAČ: Aká je vaša veľkosť, pane?

PETER: 40 alebo 42, nie som si istý.

PREDAVAČ: V týchto veľkostiach máme biely, béžový, alebo bledomodrý.

PETER: Máte ich tiež v šedej farbe?

PREDAVAČ: Áno, máme, ale môže byť príliš malý pre vás. Chcete si ho vyskúšať? Tam je prezliekareň.

PETER: Ďakujem. Je mi akurát. Koľko stojí?

PREDAVAČ: 13.000 korún.

PETER: Nech sa páči.

EVA: Mohli by ste nám povedať, kde je oddelenie s obuvou?

PREDAVAČ: Tam, práve za vami. Čím vám môžem poslúžiť?

EVA: Chcela by som pekné topánky na vysokom opätku, vo veľkosti 38.

PREDAVAČ: Na tamtých dvoch policiach sú nejaké.

EVA: Ďakujem. Rada by som vyskúšala tieto.

PREDAVAČ: Ľutujem, ale nemáme ich vo vašej veľkosti. Možno na budúci týždeň ich budeme mať.

EVA: Ďakujem. Vrátim sa.

In the Department Store

Eva and Peter want to go to the Luxus store to shop.

EVA: Hurry, Peter! The store will close at 6 P.M., and if we are late, we have to go back tomorrow after 10 in the morning.

EVA: Good afternoon. We would like to buy a summer suit for my husband.

CLERK: What is your size, sir?

PETER: 40 or 42, I am not sure.

CLERK: In those sizes we have white, beige or light blue.

PETER: Do you have them in gray, too?

CLERK: Yes, we do, but it might be too small for you. Would you like to try it on? The fitting room is over there.

PETER: Thank you. It's just perfect. How much is it?

CLERK: 13,000 Crowns.

PETER: Here you are.

EVA: Could you tell us where the shoe section is?

CLERK: There, right behind you. May I help you?

EVA: I would like a nice pair of high-heeled shoes in size 38.

CLERK: There are some on those two shelves.

EVA: Thank you. I'd like to try these on.

CLERK: I'm sorry, but we don't have them in your size. Maybe next
         week we will.

EVA: Thank you. I'll be back.

VOCABULARY

siedmy	seventh
nákup	shopping
nakupovať	to shop
ponáhľať sa	to hurry
zatvárať	to close
hodina	clock
oneskoriť sa	to be late
zajtra	tomorrow
po	after
letný oblek	summer suit
oblek	suit
manžel	husband
predavač	clerk
aký je	what is
veľkosť	size
pane	sir
tieto, v týchto	these, in these
biely	white
béžový	beige
sivý	gray
bledomodrý	light blue
vyskúšať	to try on
prezliekareň	fitting room
je mi akurát	it is perfect
oddelenie obuvi	shoe department
obuv	shoes
práve za	just behind
pomôcť	to help
pekný	nice
topánka	shoe
pár topánok	pair of shoes
vysoký opätok	high heel
topánky na vysokom opätku	high-heeled shoes
tamtie	those
polička	shelf

EXTRA WORDS

Obliekanie	*Clothing*
košeľa	shirt
blúzka	blouse
tričko	t-shirt
nohavice	pants
sukňa	skirt
šaty	dress
ponožky	socks
punčochové	panty hose
hnedý	brown
kabát	coat
večerné šaty	robe
spodné prádlo	underwear
papuče	slippers
čižmy	boots

Farby	*Colors*
čierny	black
modrý	blue
červený	red
zelený	green
tmavomodrý	dark blue
oranžový	orange
žltý	yellow
fialový	purple
ružový	pink

Potraviny	*Groceries*
chlieb	bread
mlieko	milk
maslo	butter
šunka	ham
syr	cheese

slanina	bacon
vajcia	eggs
žemľa	roll

Ovocie	*Fruit*
jahody	strawberries
dyňa	melon, watermelon
pomaranč	orange
hruška	pear
slivka	plum
hrozno	grapes

Zelenina	*Vegetables*
cibuľa	onion
paprika	green pepper
paradajka	tomato
šalát	lettuce

EXPRESSIONS

Obchodný dom sa zatvára o šiestej.	The department store closes at 6 P.M.
Aká je vaša veľkosť?	What is your size?
Nie som si istý.	I'm not sure. (m.)
Nie som si istá.	I'm not sure. (f.)
Koľko to stojí?	How much does it cost?
Čím vám poslúžim?	May I help you?
oddelenie obuvi	shoe department
Môže byť príliš malý.	It might be too small for you.
Ľutujem... (bohužiaľ...)	I am sorry...
Nech sa páči...	Here you are...
topánky na vysokom opätku	high-heeled shoes
Je mi akurát (Je perfektný).	It is just perfect.
na budúci týždeň	next week

Vrátim sa.	I will be back.
možno (snáď)	maybe

EXPLANATIONS

Chcela by som kúpiť...	I would like to buy... (literally "I would want to...")
Radi by sme kúpiť...	We would like to buy...

Please make a note of both forms. The first form is used more often: **chcel by som...**, **chcela by som**, **chceli by sme**, etc.

GRAMMAR

Declension of Adjectives

It is essential to know how numerals, adjectives, and nouns are declined in
each case.

In the *singular form*, the adjective and the numeral must agree with the
noun in number (sg.) and gender (m./f./nt.).

(Nominative Case)

Numeral	Adjective	Noun	Translation
jeden	pekný	chlapec (m.)	a handsome boy
jedna	citlivá	žena (f.)	a sensitive woman
jedno	malé	dieťa (nt.)	a small child

(Accusative Case)

Verb	Numeral	Adjective + Noun	Translation
vidím	jedného	pekného chlapca	I see a handsome boy
vidím	jednu	citlivú ženu	I see a sensitive woman
vidím	jedno	malé dieťa	I see one small child

In the *plural form*, adjectives and numerals agree with the plural noun.

(Nominative Case)

Numeral	Adjective	Noun	Translation
dvaja	pekní	chlapci	two handsome boys
dve	citlivé	ženy	two sensitive women
dve	malé	deti	two small children

(Accusative Case)

Verb	Numeral	Adjective	Noun	Translation
vidím	dvoch	pekných	chlapcov	I see two handsome boys
vidím	dve	citlivé	ženy	I see two sensitive women
vidím	dve	malé	deti	I see two small children

1. Declension of Masculine Adjectives

For example: **pekný otec** (handsome father)

The case endings, or suffixes, are added to the root of the word (**pekn**).

	Singular	Plural
Nominative	pekný otec	pekní otcovia*
Genitive	pekného otca	pekných otcov
Dative	peknému otcovi	pekným otcom
Accusative	pekného otca	pekných otcov
Locative	peknom otcovi	pekných otcoch
Instrumental	pekným otcom	peknými otcami

*suffix **ý** changes to **-í**

Note:

• The Genitive and Accusative case endings are identical for adjectives and nouns.

• The Genitive, Accusative and Instrumental case endings are identical for adjectives. Note the different noun ending in the Instrumental plural form.

2. Declension of Feminine Adjectives

For example: **citlivá žena** (sensitive woman)

	Singular	*Plural*
Nominative	citlivá žena	citlivé ženy
Genitive	citlivej ženy	citlivých žien
Dative	citlivej žene	citlivým ženám
Accusative	citlivú ženu	citlivé ženy
Locative	citlivej žene	citlivých ženách
Instrumental	citlivou ženou	citlivými ženami

Note:

• The Genitive, Dative and Instrumental singular endings are identical for adjectives. Note the different suffix in the Genitive singular form of the noun.

• Adjectives in the Nominative and Accusative plural forms and the Genitive and Instrumental plural forms are identical. Note the different suffixes for the plural nouns, with the exception of the Nominative and Accusative cases.

3. Declension of Neuter Adjectives

For example: **malé dieťa** (small child)

	Singular	*Plural*
Nominative	malé dieťa	malé deti
Genitive	malého dieťaťa	malých detí*
Dative	malému dieťaťu	malým deťom
Accusative	malé dieťa	malé deti
Locative	malom dieťati	malých deťoch
Instrumental	malým dieťaťom	malými deťami

* **-i** changes to **-í**

Note:

• The Nominative and Accusative singular forms are identical for adjectives and nouns.

• In the plural form, the Nominative and the Accusative endings are identical for adjectives and nouns. The Genitive and Instrumental are identical for adjectives only.

LESSON EIGHT

BYŤ HOSŤOM
BEING A GUEST

Pozvanie na večeru

EVA: Šimonovičovci nás pozvali na dnes, na večeru.

PETER: Pekné od nich. O koľkej?

EVA: O siedmej. Mali by sme odísť skoršie, lebo im
              potrebujeme kúpiť dar.

PETER: Čo chceš kúpiť?

EVA: Kvety, fľašu vína a čokoládu pre deti. Ponáhľaj sa,
              musime odísť za hodinu.

V dome Šimonovičovcov. Zvonček zvoní.

ELENA: Eva a Peter sú tu. Otvor dvere, prosím ťa.

JOZEF: Servus. Poďte dnu, prosím. Bolo to ťažké, nájsť naše
              miesto?

PETER: Nie, bolo to ľahké, lebo sme si vzali taxík. Tu sú kvety
              pre pani domu a fľaša vína pre vás. Kde sú deti?

ELENA: Sú u starej mamy. Tieto kvety sú krásne. Ďakujem.

JOZEF: Čo by ste chceli piť? Gin alebo vodku?

EVA: Dám si gin a tonik, prosím.

PETER: Ja tiež.

JOZEF: Dovoľte, aby som vám to tu ukázal. Byt nie je veľký, ale
              je veľmi príjemný. Tu sú spálne a kúpeľňa. Kuchyňa sa
              otvára z bývačky.

PETER: Niečo tu veľmi dobre voní. Čo je to?

ELENA: Pripravila som tradičnú slovenskú večeru. Mäsovú polievku, vyprážaný rezeň a štrúdľu.

EVA: Ale Elena, nemôžme jesť všetko. Je toho príliš veľa, dokonca na týždeň.

ELENA: Uvidíme.

Po večeri.

PETER: Príliš veľa som jedol, ale všetko bolo chutné. Ďakujem.

ELENA: Prosím. Poďme do obývačky.

EVA: Dovoľ, aby som odniesla veci zo stola.

ELENA: To môže počkať, ale šampanské nie.

O dve hodiny neskôr.

PETER: Je veľmi neskoro. Musíme ísť. Mohli by ste nám zavolať taxík, prosím?

JOZEF: Samozrejme. (Vytáča číslo.) Dobrý večer. Mohli by ste poslať taxík na Dunajskú ulicu 14, obvod Staré mesto, na meno Šimonovič? Telefónne číslo je 653-8125. Ďakujem. Bude tu za päť minút.

EVA: Ďakujem za prekrásny večer. Skutočne sme mali radosť z vašej pohostinnosti. Elena, zavolám ti zajtra. Good-bye.

ELENA A JOZEF: Dovidenia! Dobrú noc!

Dinner Invitation

EVA: The Šimonovičs invited us for dinner tonight.

PETER: How nice of them. What time?

EVA: At seven o'clock. We should leave earlier because we
                need to buy them a gift.

PETER: What do you want to buy?

EVA: Flowers, a bottle of wine, and some chocolate for the
                kids. Hurry, we have to leave in an hour.

At the Šimonovičs' home.

ELENA: Eva and Peter are here. Open the door, please.

JOZEF: Hi! Come in, please. Was it difficult to find our place?

PETER: No, it was easy because we took a taxi. Here are some
                flowers for the lady of the house, and a bottle of wine
                for you. Where are the kids?

ELENA: They are at grandma's. These flowers are beautiful.
                Thanks.

JOZEF: What would you like to drink? Gin or vodka?

EVA: I will have a gin and tonic please.

PETER: Me, too.

JOZEF: Let me show you around. The apartment isn't big but
                it's very comfortable. Here are the bedrooms and the
                bathroom. The kitchen opens off of the living room.

PETER: Something smells very good here. What is it?

ELENA: I prepared a traditional Slovak dinner: meat soup, fried breaded cutlet, and strudel.

EVA: But, Elena, we can't eat everything. It's even too much for a week.

ELENA: We will see.

After dinner.

PETER: I ate too much, but everything was delicious. Thank you.

ELENA: You're welcome. Let's go to the living room.

EVA: Let me clear the table.

ELENA: It can wait, but the champagne can't.

Two hours later.

PETER: It's very late. We must go. Could you call a taxi for us, please?

JOZEF: Of course. (He dials.) Good evening. Could you send a cab to Danube Street 14, downtown, under the name of Šimonovič? The phone number is 653-8125. Thank you. It will be here in five minutes.

EVA: Thanks for the wonderful evening. We really enjoyed your hospitality. Elena, I'll call you tomorrow. Good-bye.

ELENA AND JOZEF: Bye! Good night!

VOCABULARY

ôsmy	eight
byť hosťom	being a guest
pozvanie	invitation
dnes	today
skoršie	earlier
kúpiť	to buy
kvet	flower
fľaša	bottle
čokoláda	chocolate
zvoniť	ring the bell
otvorený	open
nájsť	to find
ľahko	easily
krásny	beautiful
okolo	around
byt	apartment
príjemný	comfortable
spálňa	bedroom
kúpeľňa	bathroom
kuchyňa	kitchen
obývačka	living room
vôňa	pleasant smell
tento večer	this evening
tradičný	traditional
variť	to cook
mäsový	meat
polievka	soup
vyprážaný rezeň	fried breaded cutlet
štrúdľa	strudel
šampanské	champagne
vziať si taxík	to take a taxi
poďte dnu	come in
volať	to call

vytáčať číslo	to dial
telefónne číslo	phone number
nádherný	wonderful
telefonovať	to phone
lacný	cheap
pohár	glass

EXPRESSIONS

(To je) pekné od nich!	How nice of them!
za hodinu	within an hour
Prosím.	Please.
Servus!	Hi!
Budeme vidieť.	We will see.
Uvidíme.	We will see.
Príliš veľa som jedol (prejedol som sa).	I ate too much.
Prosím (nech sa páči).	You are welcome.
Odnáša veci zo stola.	She clears the table.
Je veľmi neskoro.	It is very late.
Dobrú noc!	Good night!

GRAMMAR

1. The Future Tense

The future tense indicates that an action will take place some time in the future.

There are two ways of forming the future tense, with or without the use of an auxiliary verb.

To form the future tense (with an auxiliary), the future mode of the auxiliary verb **byť** (to be) is followed by the infinitive form of the verb:

(Imperfective form:)
budeš čakať   you will wait
budeme vidieť   we will see

To form the simple future tense, the prefix **pre-**, **u-**, or **do-** is added to the infinitive of the verb:

(Perfective form:)
prečítam   I will read
urobím   I will do

Verbs in the Future Tense:

byť (to be)

I will be	budem
you will be	budeš
he/she/it will be	bude
we will be	budeme
you will be	budete
they will be	budú

	Future	Simple Future
vidieť (to see)		

vidieť (to see)		
I will see	budem vidieť	uvidím
you will see	budeš vidieť	uvidíš
he/she/it will see	bude vidieť	uvidí
we will see	budeme vidieť	uvidíme
you will see	budete vidieť	uvidíte
they will see	budú vidieť	uvidia

čitať (to read)

čitať (to read)	Future	Simple Future
I will read	budem čítať	prečítam
you will read	budeš čítať	prečítaš
he/she/it will read	bude čítať	prečíta
we will read	budeme čítať	prečítame
you will read	budete čítať	prečítate
they will read	budú čítať	prečítajú

robiť (to do)

robiť (to do)	Future	Simple Future
I will do	budem robiť	urobím
you will do	budeš robiť	urobíš
he/she/it will do	bude robiť	urobí
we will do	budeme robiť	urobíme
you will do	budete robiť	urobíte
they will do	budú robiť	urobia

Verbs with Irregular Future Forms:

	isť (to go)	**mať (to have)**
I will go/have	pôjdem	budem mať
you will go/have	pôjdeš	budeš mať

he/she/it will go/have	pôjde	bude mať
we will go/have	pôjdeme	budeme mať
you will go/have	pôjdete	budete mať
they will go/have	pôjdu	budú mať

2. Reflexive Verbs

The reflexive verb consists of the verb form followed by the reflexive pronoun "sa". The conjugation follows the standard verb forms, with sa unchanged.

umývam sa	I wash myself
umývaš sa	you wash yourself
umýva sa	he/she/it washes himself/herself/itself
umývame sa	we wash ourselves
umývate sa	you wash yourselves
umývajú sa	they wash themselves

Some verbs are reflexive in Slovak but not in English, for example:

mýliť sa	to be wrong
kúpať sa	to bathe, take a bath
hnevať sa	to be angry with
horšiť sa	to grow worse
smiať sa	to laugh

3. Comparative and Superlative

Slovak does not use the English particles "more" and "the most" to form the comparative and superlative. Instead, Slovak uses the suffix **-jší** to indicate the comparative, and the prefix **naj-** for the superlative.

Regular Forms

Adjective	Comparative	Superlative
múdry (wise)	múdrejší	najmúdrejší
rýchly (quick)	rýchlejší	najrýchlejší
ostrý (sharp)	ostrejší	najostrejší
suchý (dry)	suchší	najsuchší
blízky (close)	bližší	najbližší
rozumný (thoughtful)	rozumnejší	najrozumnejší
ideálny (ideal)	ideálnejší	najideálnejší

Irregular Forms

Adjective	Comparative	Superlative
dobrý (good)	lepší	najlepší
zlý (bad)	horší	najhorší

4. Forming Adverbs from Adjectives

To form an adverb, the suffix of the adjective **-ý (y)** is replaced by **-o**, or in some cases by **-e**:

Adjective	Adverb
ostrý (sharp)	ostro
ostrejší (sharper)	ostrejšie
najostrejší (the sharpest)	najostrejšie
rýchly (quick)	rýchlo
múdry (wise)	múdro
rozumný (thoughtful)	rozumne
milý (lovely)	milo
blízky (close, near)	blízko

	Adjective	*Adverb*
Regular	rýchly (quick)	rýchlo
Comparative	rýchlejší	rýchlejšie
Superlative	najrýchlejší	najrýchlejšie
Regular	blízky (close)	blízko
Comparative	bližší	bližšie
Superlative	najbližší	najbližšie

EXAMPLES:

Adjectives

Toto je moja najmilšia dcéra.	This is my loveliest daughter.
Toto je najbližšia križovatka.	This is the closest crossing (light).

Adverbs

Rozumnejšie by bolo, keby...	It would be more thoughtful if ...

Always keep in mind the gender of adjectives and their suffixes:

rýchly (m.)	**rýchly útok**	quick attack
rýchla (f.)	**rýchla večera**	quick supper
rýchle (nt.)	**rýchle myslenie**	quick thinking

Lesson Nine

LEKÁRSKA STAROSTLIVOSŤ
MEDICAL CARE

Ochorenie

Skoro ráno v hotelovej izbe.

PETER: Neviem, čo je so mňou, ale cítim sa príšerne.

EVA: Vyzeráš veľmi bledý. Bolí ťa niečo?

PETER: Bolí ma žalúdok a hlava sa mi krúti.

EVA: Zavolám na recepciu, aby zavolali lekára.

Lekár prichádza.

LEKÁR: Dobré ráno. Som doktor Ján Kováč. Máte ťažkosti?

EVA: Môj manžel sa necíti dobre.

LEKÁR: Prosím sadnite si a vyzlečte si vrchné pyžamo. Dovoľte, aby som vám zmeral teplotu. Máte malú horúčku 37.6 stupňov Celzia. Váš krvný tlak je normálny. Kde vás bolí žalúdok? Tu? Dovoľte prosím, aby som vám pozrel jazyk. Ďakujem. Máte pokazený žalúdok. Čo ste včera jedli?

PETER: Príliš veľa. Večerali sme v priateľovom dome.

LEKÁR: Zdá sa, že už nie ste zvyknutý na slovenskú stravu. Je chutná, ale ťažká na žalúdok. Potrebujete špeciálnu diétu na dva dni. Iba čaj, hrianku a varené zemiaky a pozajtra by ste mali byť v poriadku. Dobrú noc.

PETER: Ďakujem vám. Dovidenia!

Being Sick

Early morning in the hotel room.

PETER: I don't know what's wrong with me, but I feel awful.

EVA: You look very pale. Are you in pain?

PETER: I have a stomachache and a headache and I feel very dizzy.

EVA: I am calling the front desk to ask for a doctor.

The doctor arrives.

DOCTOR: Good morning. I'm doctor Ján Kováč. What's the problem?

EVA: My husband doesn't feel well.

DOCTOR: Please, sit up and take your pajama top off. Let me take your temperature. You have a slight fever of 37.6 degrees Celsius. Your blood pressure is normal. Where does your stomach hurt? Here? Let me see your tongue, please. Thank you. You have an upset stomach. What did you eat yesterday?

PETER: Too much. We had dinner at our friend's house.

DOCTOR: It seems that you're not used to Slovak food anymore. It's delicious, but heavy on the stomach. You need a special diet for two days. Only tea, toast and boiled potatoes, and the day after tomorrow you should be fine.

PETER: Thank you. Good-bye.

VOCABULARY

deviaty	ninth
lekárska prehliodka	medical exam
skoro	early
príšerne	awfully
bledý	pale
bolieť	to hurt
žalúdok	stomach, abdomen
hlava	head
krútenie	dizziness
recepcia	front desk
problém	problem
sadnúť si	to sit down
vyzliecť sa	to take off
pyžamový urdu, pyžamový kabát	pajama top
horúčka	fever
malá horúčka	slight fever
lekár	physician, doctor
krvný tlak	blood pressure
normálny	normal
pokazený žalúdok	upset stomach
jazyk	tongue
včera	yesterday
prísny	strict
diéta	diet
čaj	tea
hrianka	toast
stupeň	degree
triasť sa	to shake
potešenie	pleasure
zdať sa	to appear
smiať sa, usmievať sa	to smile
citove	emotionally
ranený	wounded
brucho	stomach
varené zemiaky	boiled potatoes

EXTRA WORDS

čelo	forehead
obličky	kidney
nos	nose
pečeň	liver
oči	eyes
mechúr	bladder
tvár	face
maternica	womb
ústa	mouth
noha	leg
ucho	ear
stehno	thigh
hruď	chest
koleno	knee
žalúdok	abdomen
členok	ankle
chrbát	back
ruka	hand
srdce	heart
lakeť	elbow
pľúca	lungs
zápästie	wrist
žlčník	gallbladder
prst	finger

EXPRESSIONS

Bolí ma žalúdok.	I have a stomachache.
Bolí ma hlava.	I have a headache.
Zmerám vám teplotu.	I will take your temperature.
Nie je už zvyknutý na slovenskú stravu.	He is not used to Slovak food anymore.

Som prechladnutý.	I have a cold.
Mám chrípku.	I have the flu.
Kašlem.	I have a cough.
Mám horúčku.	I have a fever.
Bolí ma hrdlo.	I have a sore throat.
Vytkol som si členok.	I sprained my ankle.
Som tehotná.	I am pregnant.
Máte ťažkosti?	What is the problem?

GRAMMAR

1. The Conditional Mode

The conditional mode is used to express a condition or state that could occur, but has not yet.

In Slovak, the conditional mode in the present tense is composed of three elements:

Past tense of a verb + the particle "**by**" + present tense of the verb "to be", omitting the personal pronoun.

*Conditional mode of the verb **byť** (to be):*

I (m.)	bol by som
I (f.)	bola by som
you (m.)	bol by si
you (f.)	bola by si
he	bol by
she	bola by
it	bolo by
we	boli by sme
you (pl.)	boli by ste
they	boli by

EXAMPLES:

Bola by som rada, keby...	I would be glad, if...
Bolo by dobré, keby...	It would be good, if...
Boli by sme šťastní...	We would be happy...

Conditional Mode of Exemplary Verbs

	íst' (to go)	**prísť** (to come)
I (m.)	išiel by som	prišiel by som
I (f.)	išla by som	prišla by som
you (m.)	išiel by si	prišiel by si
you (f.)	išla by si	prišla by si
he	išiel by	prišiel by
she	išla by	prišla by
it	išlo by	prišlo by
we	išli by sme	prišli by sme
you (m./f., pl.)	išli by ste	prišli by ste
they (m./f./nt.)	išli by	prišli by

EXAMPLES:

Radi by sme šli domov.	We would like to go home.
Ukázal by si mi?	Would you show me?
Ukázala by si nám?	Would you show us? (f.)
Ukázali by ste mi?	Would you show me? (pl.)
Volal by som ti.	I would call to you. (m.)
Povedala by som.	I would tell. (f.)

Negative Form of the Conditional

The negative conditional statement is formed by attaching the prefix **ne-** to the verb **byť** (to be) in the past tense:

Nemal by som.	I would (should) not.
Nemalo by.	It would (should) not.
Nemali by sme.	We would (should) not.

2. Declension of Personal Pronouns

	Nominative	Genitive	Dative
1st (sg.)	ja	mňa	mne, mi
2nd (sg.)	ty	teba	tebe, ti
3rd (m./nt., sg.)	on	neho	nemu, mu
3rd (f., sg.)	ona	nej	nej, jej
1st (pl.)	my	nás	nám
2nd (pl.)	vy	vás	vám
3rd (pl.)	oni	nich	nim, im

	Accusative	Locative	Instrumental
1st (sg.)	mňa, ma	mne	mnou
2nd (sg.)	teba, ťa	tebe	tebou
3rd (m./nt., sg.)	neho, ho	ňom	ním
3rd (f., sg.)	ňu, ju	nej	ňou
1st (pl.)	nás	nás	nami
2nd (pl.)	vás	vás	vami
3rd (pl.)	nich	nich	nimi

• The dative and accusative cases have two different singular forms and the dative two plural forms.

• The first form is used after prepositions such as **od**, **odo**, **bez**, **pri**, **z**, **k**, **ku**, **na**, **o**, and **s**.

EXAMPLES:

Toto mám od nej.	I have this from her. *(Gen.)*
Ide ku mne.	He/She/It is coming to me. *(Dat.)*
S ním idem.	I go with him. *(Instr.)*
Hovorí o mne.	He talks about me. *(Loc.)*

• The second form is used in sentences without prepositions.

EXAMPLES:

Daj <u>mi</u> to.	Give it to me. *(Dat.)*
Vidím <u>ju</u>.	I see her. *(Acc.)*
Vráť <u>mu</u> to.	Give it back to him. *(Dat.)*

LESSON TEN

PÁRTY
AT A PARTY

Na párty (na spoločenskom večierku)

Pán a pani Konečná usporiadúvajú spoločenský večierok a pozývajú tiež Kováčovcov.

PETER: Dovoľte pán Čierny, aby som vám predstavil našich slovenských priateľov Juraja Kováča a jeho manželku Martu. Pán Andrej Čierny, riaditeľ nášho slovenského oddelenia.

RIADITEĽ: Teší ma. Ste tiež biznisman?

JURAJ: Nie, som lekár. Pracujete dlho s Petrom?

RIADITEĽ: Nie, podpísali sme iba zmluvu pred dvomi týždňami a začneme spolu pracovať budúci mesiac. Dovtedy skončíme dokumenty.

PETER: Kompútre vyrábame v USA a zasielame ich na Slovensko. Naše oddelenie tu programuje softvér pre slovenský trh.

MARTA: Už je neskoro, mali by sme odísť. Manžel má byť skoro v práci. Ďakujem, že ste nás pozvali. Skutočne sme mali radosť z párty.

ELENA: Ďakujem, že ste prišli. Musíme tiež vstať zavčasu. Naše lietadlo odchádza o desiatej doobeda a ešte sme sa nezbalili.

PETER: Mali sme sa veľmi dobre. Sme radi, že sme sa s vami zoznámili. Tu je moja vizitka. Keď prídete nabudúce do Ameriky, rozhodne nás zavolajte. Dovtedy budeme v styku.

JURAJ: Už viete našu adresu a telefónne číslo. Budeme tiež čakať na váš list. Šťastnú cestu. Majte sa dobre.

At a Party

Mr. and Mrs. Konečný give a cocktail party, and they invite the Čiernys, too.

PETER: Mr. Čierny, let me introduce our Slovak friends, Juraj Kováč and Marta, his wife. Mister Andrej Čierny, the director of our Slovak division.

THE DIRECTOR: Nice to meet you. Are you a businessman, too?

JURAJ: No, I am a doctor. Have you been working with Peter for a long time?

THE DIRECTOR: No, we only signed the contract two weeks ago, and we'll start working together next month. By then we should have finished the paperwork.

PETER: We manufacture computers in the U.S. and ship them to Slovakia. Our division here writes the software for the Slovak market.

MARTA: It's getting late. We should be leaving, my husband has to be at work early. Thanks for inviting us. We really enjoyed the party.

ELENA: Thank you for coming. We have to get up early, too. Our plane leaves at 10 A.M., and we haven't packed yet.

PETER: We had a great time with you. It's so nice to have met you. Here is my business card. Next time you come to America, please make sure to give us a call. Until then, keep in touch.

JURAJ: You already know our address and telephone number. We will also be waiting for your letter. Have a nice trip. Take care of yourselves.

VOCABULARY

desiaty	tenth
spoločenský večierok	party
koktailová párty	cocktail party
usporiadať, dať párty	to give a party
oddelenie	division
riaditeľ	director
biznisman	businessman
dlho	long
podpísať	to sign
zmluva, kontrakt	contract
pred týždňom	(a) week ago
pracovať	to work
mesiac	month
dovtedy	by then
začať	to begin
skončiť, dokončiť	to finish
dokument	document
kompúter	computer
vyrábať	to produce
zasielať, posielať (loďou)	to ship, to send (by ship)
oddelenie	division
písať	to write
softvér	software
trh	market
neskoro	late
skutočne	really
radosť	joy
mať radosť, potešenie	to enjoy
o 10 hodine	at 10 o'clock
sme radi	we are glad
doobeda	before noon
zbaliť sa	to pack
zavčasu	early

ešte	yet
nabudúce	next time
rozhodne	by all means
zavolať	to call
byť v styku	to be in touch
už	already
adresa	address
telefónne	telephone
číslo	number
čakať	to wait
spolu	together
list	letter
budúci	next, future
cesta	trip
šťastnú cestu	have a nice trip

EXPRESSIONS

Usporiadali spoločenský večierok.	They gave a party.
Dovoľte, aby som vám predstavil...	Let me introduce you...
Je neskoro.	It is getting late.
Mali sme radosť z párty.	We enjoyed the party.
pred dvomi týždňami	two weeks ago
rozhodne	by all means
Budeme v styku.	Keep in touch.
Mali sme sa veľmi dobre.	We had a great time.
Zavolaj ma.	Give me a call.
Ďakujem, že ste prišli.	Thank you for coming.
Sme radi, že sme sa s vami zoznámili.	Nice to meet you. (plural speakers)
Teší ma.	Nice to meet you. (one speaker)
Ďakujeme, že ste nás pozvali.	Thank you for inviting us.
Teší nás, že sme sa s vami zoznámili.	It is nice to have met you.
Dovtedy by sme mali mať skončené.	By then we should have finished.
programovať software	to write the software

Veľa šťastia!	Good luck!
Šťastnú cestu!	Have a nice trip!
Maj sa dobre!	Take care of yourself!
Majte sa dobre!	Take care of yourselves!
Mali by sme odísť.	We should be leaving.
Budeme čakať.	We will be waiting.
Musíme vstať zavčasu.	We have to get up early.
Pracujete?	Have you been working?

GRAMMAR

1. Past Tense of the Conditional Mode

The conditional past tense consists of the conditional mode of the auxiliary verb **to be**, followed by the past participle of the active verb:

e.g. **bol by som** (I would have) + past participle

Unlike the present conditional, the past conditional expresses actions that never occurred, since the condition of the statement was not met.

EXAMPLES:

bol by som išiel	I would have gone
bol by si išiel	you would have gone
bol by išiel	he would have gone

(**Bol by som, bol by si**, etc. is the conditional mode of the verb "to be," and **išiel** is the past tense of the verb "to go.")

Past tense conditional mode of the verb **ísť** *(to go):*

1st (m., sg.)	**bol by som išiel**
1st (f., sg.)	**bola by som išla**
2nd (m., sg.)	**bol by si išiel**
2nd (f., sg.)	**bola by si išla**
3rd (m., sg.)	**bol by išiel**
3rd (f., sg.)	**bola by išla**
3rd (nt., sg.)	**bolo by išlo**
1st (m./f./nt., pl.)	**boli by sme išli domov**
2nd (m./f./nt., pl.)	**boli by ste išli domov**
3rd (m./f./nt., pl.)	**boli by išli domov**

EXAMPLES:

bol by som mal	I would have had
boli by ste prišli	you would have come (pl.)
bol by býval šťastný	he would have been happy
bol by si prišiel skôr	you would have come earlier
bola by bývala	she would have been
nebol by si býval chorý	you would not have been sick
bola by si prišla, keby...	you would have come (f.), if...
boli by sme mali dieťa	we would have had a child

The possibility of an action is expressed as follows:

Mohli by ste vidieť autobus.   You could have seen the bus.

2. Declension of the Reflexive Pronoun in the 1ˢᵗ Person Singular

Nominative	(none)	myself
Genitive	seba	of myself
Dative	sebe	to myself
Accusative	seba	myself
Locative	sebe	in myself
Instrumental	sebou	with myself

3. Declension of Possessive Pronouns

The possessive pronoun is declined according to the gender and number of the noun that it precedes.

Mám úctu k mojím matkám a deťom.	I respect my mothers and my children.
Tento dar mám od mojích matiek a detí.	I received this gift from my mothers and my children.
	(Lit.: I have this gift...)

Declension of the possessive pronoun **môj** *(my, mine):*

	Nominative	Genitive	Dative
m., sg.	**môj otec** (my father)	**mojeho, môjho**	**mojemu, môjmu**
f., sg.	**moja matka** (my mother)	**mojej**	**mojej**
nt., sg.	**moje dieťa** (my child)	**mojeho, môjho**	**mojemu**
m., pl.	**moji**	**mojích**	**mojím**
f., pl.	**moje**	**mojích**	**mojím**
nt., pl.	**moje**	**mojích**	**mojím**

	Accusative	Locative	Instrumental
m., sg.	**môjho**	**mojom**	**mojím**
f., sg.	**moju**	**mojej**	**mojou**
nt., sg.	**moje**	**mojom**	**mojím**
m., pl.	**mojích**	**mojích**	**mojími**
f., pl.	**moje**	**mojích**	**mojími**
nt., pl.	**moje**	**mojích**	**mojími**

Note:

• Except for the nominative and accusative cases, the singular form is identical in all three genders.

• The plural forms of the feminine and neuter are identical.

• When two forms are given, each are equally used.

The declension of **tvoj** (your, yours), **náš** (our, ours), and **váš** (your, yours) is formed by the same suffixes as **môj** (my, mine):

tvoj (your, yours)

m.sg.	*f.sg.*	*nt.sg.*
tvoj	tvoja	tvoje
tvojeho, tvojho, etc.	tvojej, etc.	tvojeho, tvojho, etc.

naš (our, ours)

_m.sg._	_f.sg._	_nt.sg_
náš	naša	naše
nášeho, nášho, etc.	našej, etc.	našeho, nášho, etc.

_m.pl._	_f.pl._	_nt.pl._
naši	naše	naše

váš (your, yours)

_m.s._	_f.sg._	_nt.sg._
váš	vaša	vaše
vašeho, vašho, etc.	vašej, etc.	vašeho, vašho, etc.

_m.pl._	_f.pl._	_nt.pl._
vaši	vaše	vaše

ich (their, theirs)

_m.sg._	_f.sg._	_nt.sg._
ich	ich	ich

jeho (his/her/its)

_m.sg._	_f.sg._	_nt.sg._
jeho	jej	jeho

GLOSSARY

ENGLISH-SLOVAK VOCABULARY

A

abdomen (9) brucho
about (1) o
accommodations (4) ubytovanie
according (3, 4, 5, 8) podľa
across (4) krížom, cez
address (1, 3, 10) adresa
after (1, 7) po
airmail (5) letecká pošta
airplane (1) lietadlo
airport (1) letisko
all (7) všetko
all right (6, 9) v poriadku
a lot of (6) veľa
already (1, 10) už
also (4) tiež
America (1) Amerika
American (2) americký; (3) američan
and (1) a
ankle (9) členok
any (4) nejaký
anything (2, 4) hocičo, niečo
apartment (8) byt
apple (7) jablko
approximately (5) približne
are (1) sú
around (8) okolo
arrival (2) príchod
arrive (2) prísť
at (1) na
at home (6, 7) doma

at them (6) na nich
awfully (9) hrozne, príšerne

B

back (1) späť
bacon (7) slanina
bag (5) taška
bank (1) banka
bar (4) bar
basement (4) suterén, pivnica
bathroom (8) kúpeľňa
be v. (1, 2, 3, 4, 5, 6, 7, 8, 9, 10) byť
be a guest v. (8) byť hosťom
be back (go back, return) v. (1) vrátiť sa
be born v. (2) narodiť sa
be dizzy v. (9) mať závrať hlavy, krútenie hlavy
be in touch v. (10) byť v styku
be late v. (7) oneskoriť sa
be ready v. (6) byť hotový
be suitable v. (6) byť vhodný
be used to v. (3) byť zvyknutý na
bean soup (6) fazuľová polievka
beautiful (6, 8) krásny
because (3) lebo
bedroom (8) spálňa
beginning (10) začiatok
behind (7) za
beige (7) béžový
besides (3) okrem
better (6) lepšie, lepší
between (6) medzi
big (5, 8) veľký

bill (6) účet
black (7) čierny
bladder (9) mechúr
blood pressure (9) krvný tlak
blouse (7) blúzka
blue (7) modrý
boiled potato (8) varený zemiak
book (1, 2, 3, 4, 5) kniha
boots (7) čižmy
bottle (8) fľaša
boy (7) chlapec
bridge (3, 5) most
bread (7) chleba
breaded fried cutlet (6, 8) vyprážaný obaľovaný rezeň
break v. (1) rozbiť sa
breakfast (4) raňajky
bridge (3, 5) most
bring v. (6) doniesť, priniesť
broken (1) rozbitý
brown (7) hnedý
building (5) budova
bus (6) autobus
bus stop (5) autobusová zastávka
bush (5) krík, ker
business (1) obchod, biznis
business card (10) vizitka, navštívenka
businessman (10) biznisman, obchodník
business trip (1) obchodná cesta
but (1) ale
butter (1) maslo
buy v. (7, 8) kúpiť, nakupovať
by air (5) letecky
by all means (10) rozhodne
by tramway (5) električkou

C

cab (3) taxi
cabstand (3) stanovisko taxíka
call v. (8, 10) volať, zavolať
call a taxi v. (8) zavolať taxík
can v. (2) môcť
car (3) auto
chair (1) stolička
champagne (8) šampanské
change v. (4, 5, 6, 7) zmeniť (sa), meniť
change (3) drobné
cheap (8) lacný
check (6) potvrdenka (účet)
cheese (7) syr
chest (9) hruď
chicken (6) kura, kurča
children (1) deti (pl.)
chocolate (7) čokoláda
city (3) mesto
clerk (5) úradník
clock (7) hodina
close v. (7) zatvoriť
close adj. (5, 6) blízky, blízko
closed (7) zatvorený
clothing (7) ošatenie, šatstvo
club (4) klub
coat (7) kabát
cocktail party (10) koktailová párty
coffee (7) káva
color (7) farba
come in (8) vstúpte
comfortable (8) príjemný
computer (1, 10) kompúter
contract (10) zmluva, kontrakt

control (2) kontrola
conversation (6) konverzácia
cook v. (8) variť, uvariť
corner (6) roh
country (1) krajina
couple (1) dvojica
cucumber salad (6) uhorkový šalát
cup (7) šálka
cupboard (5) kredenc, príborník
currency change (4) výmena peňazí (transaction)
currency exchange counter (4) pult na výmenu peňazí
customs (2) colnica
customs exam (2) colná kontrola, colná prehliadka
customs officer (2) colník
cutlet (6) kotlet

D

dark blue (7) tmavomodrý
daughter (1) dcéra
dear (3) milý
declaration (2) colné prehlásenie, prehlásenie
delicious (8) chutný
dessert (6) zákusok
dial v. (8) vytáčať číslo
diet (9) strava, diéta
difficult (6) tažko, ťažký
dinner (8) večera
director (10) riaditeľ
district (3, 8) obvod
division (10) oddelenie
do v. (1) robiť
doctor (1, 9) doktor, lekár
document (10) dokument
door (8) dvere

double room (4) izba pre dvoch
dress n. (7) šaty
drink v. (4, 6, 8) piť; n. (6, 10) pitie, nápoj
drive v. (6) viesť (sa), ísť autom
driver (3) vodič, šofér
during (6) počas

E

each (1, 3, 4, 5) každý
ear (8) ucho
earlier (8) skoršie
eggs (7) vajcia
eight (8) osem
eighth (8) ôsmy
elbow (9) lakeť
elementary school (1) základná škola
elevator (4) výťah
emotionally (9) citove
enjoy v. (10) mať radosť, tešiť sa
entertain v. (10) zabávať
even (7) dokonca
evening (3, 8) večer
everybody (6) každý
excellent (10) výborný
excuse me! (1) prepáčte!
exit (3) východ
eyes (9) oči

F

face (9) tvár
fall down v. (1) padnúť, spadnúť

feel v. (6, 9) cítiť
fever (9) horúčka
fifth (5) piaty
fill out v. (4) vyplniť
find v. (4, 8) nájsť
finger (9) prst
finish v. (10) skončiť
first (1) prvý, (5) najprv
first floor (4) prízemie
fit into v. (3) zmestiť sa
fitting room (7) šatňa, prezliekareň
five (5) päť
flight (3) let
floor (4) poschodie
flower (8) kvet
follow v. (6) sledovať, nasledovať
food (6) jedlo
forehead (9) čelo
for the first time (1) po prvý raz
four (4) štyri
fourth (4) štvrtý
fried breaded cutlet (8) vyprážaný obaľovaný kotlet
fried potatoes (6) smažené, vyprážané zemiaky
friend (10) priateľ
front desk (9) recepcia v hoteli
front desk clerk (4) úradník pri pulte
fruit (7) ovocie

G

gallbladder (9) žlčník
game (1) hra
garden (5) záhrada
George (10) Juraj

get v. (3, 5, 10) dostať (sa)
get acquainted v. zoznámiť sa
get off v. (5) vystúpiť
get ready v. (1, 6, 10) pripraviť sa
get up v. (10) vstať
gift (2) dar, darček
give v. (6, 10) dať, dávať
give a party v. (10) dať, usporiadať párty
glass (1) pohár
go v. (1) chodiť, (1, 2, 3, 5, 7, 8, 9, 10) ísť
good (9) dobrý
good-bye! (8) dovidenia!, zbohom!
good morning! (2) dobrý deň!
good night! (8) dobrú noc
go out v. (1, 3, 4, 5, 6, 8, 9) ísť von
grandmother (1) stará mama
grapes (7) hrozno
gray (7) sivý, šedivý
green (7) zelený
green pepper (7) zelená paprika
grilled (6) grilovaný
groceries (7) potraviny
guest (8) hosť
gypsy music (6) cigánska hudba

H

hairdresser (4) holičstvo, kaderníctvo
ham (7) šunka
hand (3, 4, 6, 7, 9) ruka
hardly (6) sotva
have v. (2) mať
have breakfast v. (4) raňajkovať

he (2) on
head (9) hlava
hear v. (4) počuť, počúvať
heart (9) srdce
help v. (7) pomôcť
here (1, 2, 3, 4, 5, 6, 7, 8, 9, 10) sem, tu
hi! (8) servus!
high-heeled shoes (7) topánky na vysokom opätku
home (6, 7) doma
hotel (2) hotel, (9) hotelový
hour (7) hodina
house (3) dom
how much/many (3) koľko
hurt v. (9) bolieť
husband (9) manžel, muž

I

I (2) ja
I am (1) ja som
I am sure (1) som si istý (m.), som si istá (f.)
idea (10) myšlienka, idea, nápad
if (6) ak
in (2) v, vo, do
included in (4) zahrnutý v
in front of (5) pred
in those (7) v týchto
introduce somebody v. (10) uviesť niekoho
introduction (1) predstavovanie sa
invitation (10) pozvanie
is (2) je
it (6) to
it is (8) je, to je
it was (6) to bolo

J

join v. (6) pripojiť sa
joy (10) radosť
just (1, 4) práve, zrovna

K

keep v. (10) držať, udržiavať
keep (be in touch) v. (10) byť v styku
key (4) kľúč
kidney (9) oblička
kitchen (8) kuchyňa
knee (9) koleno
know v. (4) vedieť

L

lamp (1) lampa
land v. (1) pristávať
language (2) jazyk, reč
leave v. (10) odísť, odchádzať
left (5) ľavý
leg (9) noha
lesson (1) lekcia
let (to allow) v. (10) dovoliť
letter (5) list
lettuce (7) šalát
light (7) ľahký, svetlý; (traffic) (5) križovatka
light blue (7) bledomodrá
like v. (5, 6) mať rád, (1) žit, bývať
liver (9) oblička
living room (8) obývačka

look v. (9) vyzerať
lot of (a) (7) veľa, mnoho
loud (6) hlasný
luck (3) šťastie
luggage (2, 3) batožina
lungs (9) pľúca

M

magnificent (8) nádherný, skvelý
market (10) trh
may v. (2) smieť
may I? (2) smiem? (môžem?)
meat soup (6, 8) mäsová polievka
meet v. (3) stretnúť (sa)
menu (6) jedálny lístok, menu
meter (3) meter, tachometer
mister (4) pán
mom (3) mami
money (4) peniaze
month (10) mesiac
more (1) viac
morning (2, 3, 4, 5, 7, 9) ráno
mother (1) matka
mouth (9) ústa
Mrs. (4, 5) pani
much (3) veľa
muscatel wine (6) muškátové víno
museum (5) múzeum
music (6) hudba, hudobná, -ý, -é
music band (6) hudobná kapela
must v. (5) musieť
my (1) môj

N

name (2) meno
need v. potrebovať
neither (3) ani
next (10) nabudúce, (4) vedľa
nice (2, 7) pekný, milý
ninth (9) deviaty
no (2) nie
normal (9) normálny
nose (9) nos
not to feel v. (9) necítiť
not to fit v. (3) nezmestiť sa
not to have v. (1) nemať
not to know v. (9) nevedieť
now (1) teraz

O

of course (2) samozrejme
offer v. (4) ponúknuť
old (1) starý
on (1, 2, 3, 4, 6, 7, 8, 9, 10) na
on foot (5) peši
on the way (5) na ceste
onion (7) cibuľa
only (2) iba
open v. (8) otvoriť, otvárať sa; adj. (8) otvorený
or (7, 8) alebo
orange (7) oranžový, pomaranč
order v. (6) objednať (si)
other (4) iný
over here (2) tuto, tu
over there (2) tamto, tam

P

pack v. (10) baliť, pobaliť, zbaliť
package (5) balík
pains (9) bolesti
pajama top (9) pyžamový kabátik, vrch
pale (9) bledý
panty hose (7) nohavice
paper (10) papier
paperwork (10) dokumenty, papiere
parent (2) rodič
park v. (4) parkovať
parking lot (4) parkovisko
passport (2) pas
pay v. (6) platiť, zaplatiť
peach (7) broskyňa
pear (7) hruška
people (3) ľudia
perfect (3) perfektný, dokonalý
perform v. (6) hrať (sa)
person (1, 2, 3, 5, 6, 7, 9) osoba
phone v. (8) telefonovať
phone number (8, 10) telefónne číslo
physician (9) lekár, doktor
pick up v. (2) vyzdvihnúť
pink (7) ružový
place (8) miesto
pleasant smell (8) vôňa
please (2) prosím
pleasure (10) radosť, potešenie
plum (6, 7) slivka
possible (2) možný, možné
post office (5) pošta

potato dumplings (8) bryndzové halušky
potato soup (6) zemiaková polievka
prepare v. (6, 8) pripraviť
price (4) cena
problem (9) ťažkosti, problém
produce v. (10) vyrábať
program (10) program
purple (7) fialový

Q

quiet (6) tichý

R

read v. (3) čítať
receipt (3) potvrdenka
recognize v. (6) spoznať
red (7) červený
red wine (6) červené víno
relative (1) príbuzný; príbuzní (plural)
reserve v. (4) zarezervovať, rezervovať
restaurant (4) reštaurácia
right away (4) ihneď
ring the bell v. (8) zvoniť, zazvoniť
river (1, 3, 4) rieka
robe (7) róba, večerné šaty
roll (7) žemľa
room service (4) služba na izbe
row (1) rad
run v. (8) bežať

S

salad (6) šalát
same (the) (1) ten istý
school (1) škola
second n. (2) druhý
see v. (3, 8) uvidieť (in the future), (1, 2) vidieť
seem v. (9) zdať sa
semisweet (6) polosladké
send v. (5) poslať
service (4) služba
seventh (7) siedmy
shake v. (9) triasť (sa)
she (2) ona
shelf (7) polička
ship v. by surface (10) poslať loďou, zasielať loďou
shirt (7) košeľa
shoe department (7) oddelenie obuvi
shoes (7) topánky
shop (4, 7) obchod
shopping (7) nákup
show v. (3) ukázať
sign v. (10) podpísať
sir (7) pane
sit v. (1) sedieť
sit down v. (9) sadnúť si, posadiť sa, (9) sadnite si
sixth (6) šiesty
size (7) veľkosť
skirt (7) sukňa
sleep v. (7) spať
slippers (7) papuče
Slivowitz (slivovica) (6) pálenka (alcohol from plums)
Slovak adj. (2, 6, 10) slovenský
Slovak adv. (2) slovensky

Slovakia (1) Slovensko
Slovak Liptauer cheese (8) bryndza
Slovak red wine Kláštorne (6) slovenské červené víno Kláštorné
small (2, 3, 9) malý
smell (pleasant) (8) vôňa
socks (7) ponožky
something (4) niečo
son (1) syn
soon (9, 10) skoro, čoskoro
so that (4) tak, že
soup (6) polievka
speak v. (2) hovoriť
special (9) špeciálny, zvláštny
stairway (4) schody, schodište
stand v. (3) stáť
start v. (10) začať, začínať
stay at v. (2) byť ubytovaný, ubytovať sa
still (1) stále, ešte
stomach (9) žalúdok, brucho
stop v. (3) zastaviť
stop (5) zastávka
straight (5) rovno
strawberries (7) jahody
street (3) ulica
such (3, 6, 8) taký
suggest v. (6) navrhnúť
suit (7) oblek
summer (7) leto
supermarket (5) obchodný dom
sure adj. (1) istý; adv. (6) istotne, iste
sweet (6) sladký
sweeter (6) sladší

T

table (6) stôl
take v. (8) vziať, vziať si
take care of v. (1) starať sa o
take a look at (6) pozrieť sa na
take off n. (9) vyzlečte sa!; v. (9) vyzliecť
taste n. (6) chuť; v. (6) chutnať, chutiť, ochutnať
taxi (3) taxík
tea (7) čaj
teacher (1) učiteľka (f.)
tell v. (4) povedať
temperature (9) teplota
temperature (to take someone's) (9) zmerať teplotu
ten (10) desať
tenth (10) desiaty
thank v. (1, 4, 5) ďakovať
thank you (1, 3, 4) ďakujem
that (1, 3, 4) že, (7) tamten
that is why (6) preto
the same (1) ten istý
their (3) ich
them (5) im
there (2, 3, 4) tam
these (4, 7) tieto
they (2) oni
they are (1, 4) sú
thigh (9) stehno
think (believe) v. (3) myslieť
third (3) tretí
this (2) tento
those (7) tamtie
time (10) čas
timing (10) načasovanie

tip (6) sprepitné
to (1, 2) do, v, (3, 5) k, ku
toast (9) hrianka
today (8) dnes
together (10) spolu
tomato (7) paradajka
tomorrow (7, 8) zajtra
tongue (9) jazyk
tonight (8) tento večer, dnes večer
too (3) príliš
too much (3) príliš veľa
top (9) vrchný
touch (10) styk, dotyk
traditional (8) tradičný
traffic (3) premávka
tramway (5, 6) električka
transportation (3) doprava
travel (1) cesta, cestovať
trip (1) cesta
trousers (7) nohavice
try on v. (7) vyskúšať
t-shirt (7) tričko
turn to (5) obrátiť sa, otočiť sa
two (1) dve (f., nt.)
two (2) dva, dvaja (m.)

U

understand v. (3) rozumieť
underwear (7) spodná bielizeň, prádlo
upset stomach (9) pokazený žalúdok
us (1) nás, nám

V

vacation (2) prázdniny (pl.)
vegetable (7) zelenina
very (2, 6, 8, 9) veľmi
visit (1) návšteva
visit v. (1) navštíviť

W

wait v. (1) čakať
waiter (4, 6) čašník
want v. (6) chcieť
water (7) voda, vodný
watermelon (7) dyňa, melón
way (5) cesta
we (1, 2, 3, 4) my
we are (1, 2, 3, etc.) my sme
week (2, 3) týždeň
weekend (6) koniec týždňa
weigh v. (5) odvážiť, vážiť
what (1, 3, 4, 6, 7, 8, 9) čo
what kind (3) aký
when (1, 4, 5, 9) keď, (2, 3, 5) kedy
where (2-5, 7-9) kde
where from (5) odkiaľ
while (6) zatiaľ čo, kým
white (7) biely
who (2, 3, 5) kto
why (6) prečo
wife (1, 10) manželka
window (5) okno, okienko
wine (6, 8) víno
wish v. (2) priať si

with (10) s, so
woman (1, 2, 3, 7) žena, manželka
womb (9) maternica
wonderful (8) nádherný, prekrásny, úžasný
work v. (2, 10) pracovať
wounded (9) ranený, zranený
wrist (9) zápästie
write v. (10) písať
write a computer program v. (10) programovať

Y

year (1) rok
yellow (7) žltý
yes (1) áno
yesterday (9) včera
you (1-10) ty, Vy (polite address)
your (1) váš, tvoj

Slovak-English Vocabulary

A

a (1) and
aby (10) in order to (usually omitted)
ak (4) if
ako (2) how
aký (3) what
aký (4) what kind
aký je (7) what is
ale (1) but
americký (2) American
američan (3) American
Amerika (1) America
áno (1, 3) yes
auto (3) car
autobus (6) bus
až po (5) until

B

balík (5) package, parcel
baliť, pobaliť (10) to pack
banka (1) bank
bar (4) bar
batožina (2, 3) luggage
bazén (4) swimming pool
béžový (7) beige
bielizeň (spodná) (7) underwear
biely (7) white

bledý (9) pale
bledomodrý (7) light blue
blízko (5, 6) close, near, within walking distance
blúzka (7) blouse
bol (3) (he) was
bola (3) (she) was
bolesti (9) pains
boliet' (9) to hurt
bryndzové halušky (8) potato dumplings
bryndza (8) Liptauer cheese (from sheep's milk)
brucho (9) abdomen
bude (4) it will be (sg.)
budete (2) you will be (pl.)
budova (5) building
budúci (3, 10) next
by auxiliary particle (10) should, would (conditional)
byt (8) apartment
byt' (6) to be
byt' host'om (8) to be a guest
byt' vhodný (6) to be suitable
byt' zvyknutý na (9) to be used to, to get used to
bývat' (1) to live

C

cena (4) price
cesta (1, 10) trip
cibuľa (7) onion
cigánska hudba (6) gypsy music
cítiť sa (9) to feel
colná kontrola (2) customs examination
colnica (2) customs
colník (2) customs officer

Č

čaj (9) tea
čakať (1, 10) to wait
čašnícka služba na izbe (4) room service
čašník (6) waiter
čelo (9) forehead
červené víno (6) red wine
červený (7) red
červený melón, dyňa (7) watermelon
čierny (7) black
číslo (4, 5) number
čítať (3) to read
čižmy (7) boots
členok (6) ankle
čo (6) what
čokoláda (8) chocolate
čoskoro, skoro (3) soon

D

dar, darček (2) gift, present
darčekový obchod (4) gift shop
dať (3) to give
dcéra (1) daughter
deň (5) day
desať (10) ten
desiaty (10) tenth
deti (1) children
deviaty (9) ninth
diéta (9) diet
dieťa (1) child, baby

dlho (10) long (adv.)
dlhý (2) long
dnes (8) today
do (1, 2) to, in
dobre (9) well, good
dobrý (2) good
dobrý deň (2, 3) good morning
dobrú noc (9) good night
dokonalý (3) perfect
doktor, lekár (9) doctor
dokument (10) document
dokumenty/dokumentácia (10) paperwork
dom (3) house
doma (6, 7) at home
domov (3) home
doniesť (2) to bring
doprava (3) transportation
dostať (sa) (5) to get
dotyk (10) touch
dovidenia (2) good-bye
dovolenka (2) vacation
dovoliť (10) to let, allow
dovtedy (10) by then
drobné (3) change
druh (4) kind
druhý (2) second
dusený (6) stewed
dvaja (4) two
dve (1) two
dva (2) two
dvere (8) door
dvojica (1, 3) couple
dyňa (7) watermelon

Ď

ďakovať (1, 4, 5) to thank
ďakujem vám (1, 3) (I) thank you
ďakujem (4) thank you

E

električka (5, 6) tramway
električkou (5) by tramway
ešte (1, 2) still

F

farba (7) color
fazuľová polievka (6) bean soup
fialový (7) violet
fľaša (8) bottle
formulár (4) form
formálny (6) formal

G

grilovaný (6) grilled, roasted

H

halušky (8) potato dumplings (Slovak national meal)
hlasný (6) loud

hlava (9) head
hnedý (7) brown
hocičo (8) anything
hodina (7) clock
holičstvo (4) hairdresser
horúčka (9) fever
hosť (8) guest
hotel (2) hotel
hovoriť (2) to speak
hrať (6) to perform, play
hrianka (9) toast
hrozno (7) grapes
hrozne (9) awfully
hruď (9) chest
hruška (7) pear
hudba (6) music
hudobná kapela (6) band

CH

chcel by som (2) I would like to
chcel som (6) I wanted
chcieť (6) to want
chleba (7) bread
choď (3) go!
chodca (5) pedestrian
chodiť (1) to go
choďte (5) (you) go
choďte na (2) go to
chuť (6) taste
chutiť, ochutnať (6) to taste
chutný (8) delicious

I

iba (2) only
ihneď, okamžite (4) right away, immediately
ich (3) their (possessive pron.); (5) them
iný (4) other
ísť (1, 3) to go
idúc k (5) going to
ísť von (6) to go out
iste, istotne (6) sure, surely
istý (1) sure
izba (4) room
izba pre dvoch (4) double room (with 2 beds)

J

ja (1) I
jablko (10) apple
jahody (7) strawberries
jazyk, reč (2) language
jazyk (9) tongue
je (1, 4) is
jedálny lístok, menu (6) menu
jeden (1) one
jedlo (6) food
jedna (1) one
jeho (10) his
je mi akurát (7) it is just perfect
jesť (9, 10) to eat
Juraj (10) George

K

kabát (7) coat
kaderníctvo (4) hairdresser
kapela (6) music band
káva (7) coffee
každý (6) everybody, all
kde (2, 3, 4, 7) where
kedy (4) when
kláštorné červené (6) Slovak red wine Kláštorné
klub (4) club
kľúč (4) key
koktailová párty (10) party (social event)
koleno (9) knee
koľko (3) how much, how many
kompúter (1, 10) computer
koruna (3) Sk-Slovak Crown (currency)
korún (10) hundred Sk – 100 Slovak Crowns
konverzácia (6) conversation
košeľa (7) shirt
kotlet (6) cutlet
krajina (1) country
krásny (6, 8) beautiful
krížom (4) across, diagonally
križovatka (5) light, crossing
krútenie hlavy (9) dizziness
krvný tlak (9) blood pressure
kufor (2) suitcase
kuchyňa (8) kitchen
kúpeľňa (8) bathroom
kúpiť, nakupovať (7) to buy
kura, kurča (6) chicken
kvet (8) flower
kým, zatiaľ čo (6) while

L

lakeť (9) elbow
lebo (3) because
lekár (1, 9, 10) physician, doctor
lekársky (9) medicine
lekcia (1) lesson
len (5) only
lepší (6) better
let (3) flight
letecká pošta (5) airmail
letecky (5) by air
letisko (1) airport
leto, letný (7) summer
lietadlo (1) airplane
lilavý (7) purple, violet
list (5) letter
luxusný obchod (7) luxury store

Ľ

ľahký (6) light (adj.)
ľahko (8) easy (adv.)
ľahšie (6) easier
ľavý (5) left
ľudia (3) people

M

mal som (6) I had, I have had
malý (2, 3, 9) small
mami (3) mom
manžel, muž (10) husband

manželka, žena (10) wife
maslo (7) butter
mäso (6) meat
mäsová polievka (6, 8) meat soup
maternica (9) womb
matka (3) mother
mať (1, 6, 9) to have
mať rád (5, 6) to like
mať radosť (10) to enjoy
mať závraty hlavy (9) to be dizzy
máte? (1) do you have…?
mechúr (9) bladder
medzi (6) between, among
meno (2, 6) name
menu, jedálny lístok (6) menu
mesiac (10) month
mesto (3) city, town
mierna, malá horúčka (9) slight fever
miestna doprava (3) local transportation
milý (3) nice, lovely
mlieko (7) milk
mnoho, omnoho (6) much, many
môcť (4, 5, 6) can (v.)
modrý (7) blue
mohol som (6) I could
môj (1) my, mine
moja (10) my, mine (f.)
môžte? (4) could you? (polite form)
môžte (4) you can
musieť (5) must, to have to
muškátové víno (6) muscatel wine
múzeum (5) museum
my (1) we
myslieť (3) to think (in this case, to believe)

N

na (1, 4) on, at, to
na Slovensku (1) in Slovakia
nabudúce (10) next time
nádherný, skvelý (8) wonderful
najbližší (5) the nearest
najprv (5) first
najsť (8) to find
nákup (7) shopping
nakupovať (7) to shop
nápoje (6) drinks
napravo, vpravo (4) on the right, to the right
narodiť sa (2) to be born
nasledovať (6) to follow
náš (3, 10) our
navrhnúť (6) to suggest
návšteva (1) visit
nazdravie! (6) cheers!
nechať si (3) to keep
nech sa páči (3) here you are, here you go
necítiť (sa) (9) to not feel
nejaký (4) any
nejaký (6) some
nemať (1) to not have
neskoro (10) late
nevedieť (9) to not know
nezmestiť sa (3) to not fit
nie (1, 2, 10) no
niečo (2) anything, (4) something
noha (9) leg
nohavice (7) trousers, pants
normálny (9) normal
nos (9) nose

O

obchod (1) business
obchod (4, 7) shop
obchodná cesta (1) business trip
obchodník (10) businessman
obchodný dom (5) supermarket, department store
objednať si (6) to order
obrátiť (5) to turn
oblek (7) suit
oblička (9) kidney
obliekanie, obleky (7) clothing
obuv (7) shoes
obývačka (8) living room
obvod (3, 8) district
ochorenie (9) sickness
ochutnať, chutnať (6) to taste
oči (9) eyes
od...do (4) from...to
oddelenie (10) division
oddelenie obuvi (7) shoe department
oddelenie s topánkami (7) shoe department
odísť (10) to leave
odchádzať (10) to leave
odpadnúť, spadnúť (1) to fall off, to fall down
odvážiť, vážiť (5) to weigh
okamžite, ihneď (4) immediately
okolo (8) around
okno, okienko (5) window
on (2) he
ona (2) she
oneskoriť sa (7) to be late
ono (2) it
oni (2) they
oranžový (7) orange

ôsmy (8) eighth
ošatenie (7) clothing
otočiť (sa) (5) to turn
otvorený (8) open
otvoriť, otvárať sa (8) to open
ovocie (7) fruit

P

padnúť (1) to fall down
pakovať (10) to pack
pálenka (6) Slivowitz (alcohol made from plums)
pán (4) mister, Mr.
pane (7) sir
pani (4, 5) Mrs.
papier (10) paper
paprika (6) green pepper
papuče (7) slippers
pár (7) pair
paradajka (7) tomato
parkovať (4) to park
parkovisko (4) parking lot
párty, spoločenský večierok (10) party
pas (2) passport
pasová kontrola (2) passport control
päť (3, 5) five
pečeň (9) liver
pekný (2, 7) nice, handsome
perfektný (3) perfect
piaty (5) fifth
písať (10) to write
piť (6, 10) to drink
pitie, nápoj (6) drink
platiť (6) to pay

plnená paprika (6) stuffed pepper
pľúca (9) lungs
po (1, 7) after
počas (6) during
počuť (4) to hear
poďme (3) let us go
podpísať (10) to sign
pohár (1) glass
pohostinnosť (8) hospitality
pokazený žalúdok (9) upset stomach
polička, polica (7) shelf
polosladký (6) semisweet
pomaranč (7) orange
pomfritky (6) fried potatoes
pomôcť (7) to help
ponáhľať sa (7) to hurry
ponáhľaj sa! (7) hurry (up)!
ponožky (7) socks
ponúkať (4) to offer
pošta (5) post office
po prvý raz (10) for the first time
poranený (9) wounded
poriadok (9) order
posadiť sa, sadnúť si (9) to sit down
poschodie (4) floor
poslať (5) to send
poslat loďou (10) to ship
potešenie, radosť (10) pleasure
potraviny (7) groceries
potrebovať (3) to need
potriasť, triasť (9) to shake
potvrdenka (3) receipt
povedať (4) to tell
pozajtra (9) day after tomorrow
pozerať (sa) (2) to see, to look

pozrieť sa na (6) to take a look at
pozri! (1) look!
pozývať, pozvať (8, 10) to invite
požiadať (4) to ask for
práca (10) work
pracovať (1, 10) to work
práve, zrovna (1, 4) just
prázdniny (2) vacation
pre (4, 5) for
prechádzka (6) walk
preclenie (2) declaration
prečo (6) why
pred (5) in front of
predavač (7) clerk
predávať (1) to sell
predstaviť (10) to introduce someone
predstaviť sa (1) to introduce myself
predstavovanie sa (1) introduction
prehlásenie (colné) (2) declaration
prejesť sa, jesť veľa (9) to eat too much
prekrásny (8) wonderful
premávka (3) traffic
prepáčte (1) excuse me
preto (6) that is why
prezliekareň (7) dressing room
pri (3, 5) at
priamo (5) straight
priať (si) (2) to wish
priateľ (6, 10) friend
približne (5) approximately
príbuzný (1) relative
prichádzať (2) to arrive
príchod (2) arrival
príjemný (8) comfortable
príliš (3) too

príliš veľa (3) too much
priniesť, doniesť (2) to bring
pripojiť sa (6) to join
pripraviť (6, 8) to prepare
pripraviť sa (6) to get ready
príďte! (10) come!
prísť (3, 4) to arrive, to come
pristávať (1) to land
príšerne (9) awfully
prízemie (4) first floor
problém, ťažkosti (9) problem
program (10) program
programovať (10) to write a computer program
prosím (2) please
prst (9) finger
prvý (1) first
pančochové nohavice (7) panty hose
pýtanie sa na (5) asking for
pyžamový kabátik, pyžamový urdu (9) pajama top

R

rad (1) row
rád by som (5) I would like to
radosť (10) joy, pleasure
ráno (3, 9) morning
raňajky (4) breakfast
raňajkovať (4) to have breakfast
recepcia v hoteli (9) front desk
reštaurácia (4) restaurant
rezervovať (4) to reserve
riaditeľ (10) director
róba, večerné šaty (7) robe, evening dress
robiť (1) to do

roh (6) corner
rohlík, žemľa (7) roll
rok (1) year
rovno, priamo (5) straight
rozbiť sa (1) to break
rozbitý (1) broken
rozhodne (10) by all means
ruka (9) hand
ružový (7) pink
ryža (6) rice

S

s, so (1, 3, 6) with
sadnúť si (9) to sit down/up
samozrejme (2) of course
schody (4) stairs
s deťmi (3) with children
sedieť (1) to sit
servus! (8) hi!
siedmy (7) seventh
sivý, šedivý (7) gray
skončiť (10) to finish
skoro (9) early
skoršie (8) earlier
skutočne (8) really
skvelý, nádherný (10) magnificent
sladký (6) sweet
sladší (6) sweeter
slanina (7) bacon
slivka (6, 7) plum
slivovica (6) Slivowitz (plum liqueur)
slovenské víno (6) Slovak wine
Slovensko (1) Slovakia

slovensky (2) Slovak (adv.)
slovenský (6, 10) Slovak (adj.)
služba (4) service
služba na izbe (4) room service
smažené, vyprážané zemiaky (6) fried potatoes
sme (1) we are
smer (5) directions
softvér (10) software
som (1) I am
som si istý (1) I am sure
sotva (6) hardly
spadnúť (1) to fall down
spálňa (8) bedroom
spať (7) to sleep
späť (1) back
spodné prádlo (bielizeň) (7) underwear
spoločenský večierok, párty (10) party
spolu (10) together
spoznať (6) to recognize
sprepitné (6) tip
srdce (9) heart
stanovište taxíka (3) cabstand
staré mesto (3) downtown, literally old town
stará mama (1) grandmother
starať sa o (1) to take care of
starostlivosť (9) care
stehno (9) thigh
strava (9) diet
stretnúť (sa) (3) to meet
stupeň (9) degree (of temperature)
styk, byť v styku (10) to be in touch
sú (1, 4) (they) are
suchý (6) dry
sukňa (7) skirt
suterén (4) basement

syn (1) son
syr (6) cheese

Š

šalát (6, 7) lettuce
šampanské (8) champagne
šatňa, prezliekareň (7) dressing room
šaty (7) dress
šatstvo (7) clothes
šiesty (6) sixth
škola (1) school
špeciálny (9) special
šofér, vodič (3) driver
šťastie (3) luck
šťastnú cestu (10) Have a nice trip!
šťastný (3) lucky
štrúdla (8) strudel
štyri (4) four
štyria (6) four (persons)
štvrtý (4) fourth
šunka (7) ham

T

tachometer (3) meter
tam (2, 3, 4) there
tamten (7) that
tamtie (7) those
taxík (3) taxi, cab
telefonovať, zavolať (8) to phone, to call
telefónne číslo (8) phone number
ten istý (1) the same
tento (2) this

tento večer (8) tonight
teplota (9) temperature
teraz (1) now
teší ma (10) nice to meet you
tešiť sa, mať radosť (8) to enjoy
tichý (6) quiet
tieto (4, 7) these
tiež (4) also
tlak (9) pressure
tmavomodrý (1) dark blue
to (3) it
topánka (7) shoe
topánky na vysokom opätku (7) high-heeled shoes
toto (1, 3) this
tradičný (8) traditional
tretí (3, 5) third
trh (10) market
triasť sa (9) to shake
tričko (7) t-shirt
tu (2, 3, 10) here
tvár (9) face
ty (3) you
týždeň (2, 3) week

Ť

ťažkosť, problém (9) problem
ťažko (6, 8) difficult (adv.)

U

ubytovať sa (2) to stay at
ubytovanie (4) accommodations

účet (6) bill
učiteľka (1) teacher (f.)
udržiavať styk (10) to keep in touch, to be in touch
uhorkový šalát (6) cucumber salad
ucho (9) ear
ukázať (3) to show
ulica (3) street
úradník (5) clerk
usporiadať párty (10) to give a party
ústa (9) mouth
uvidieť (3, 8) to see (in the future)
uviesť niekoho (10) to introduce somebody
už (1, 10) already
úžasný, skvelý (8) wonderful

V

v (1) in
vajcia (7) eggs
variť (8) to cook
varené zemiaky (8) boiled potatoes
váš, tvoj (1, 2, 4) your
vážiť, odvážiť (5) to weigh
včera (9) yesterday
večer (3, 8) evening
večera (8) dinner, supper
večerné šaty (7) evening dress, robe
vedieť (4) to know
vedľa (4) next to, by
veľa (3) much, many
veľkosť (7) size
veľký (5) big
veľmi (2, 3, 9) very
viac (1) more

vidieť (1, 2) to see
viesť sa, ísť autom (6) to drive
víkend (6) weekend
víno (6) wine
vizitka (10) business card
vodič, šofér (3) driver
volám sa (4) my name is
volať, zavolať (6, 8) to call
vôňa (8) (pleasant) smell
von, vonku (6) out
v poriadku (9) all right
vrchný (9) top
vrátiť sa (7) to be back, go back, return
vrchné pyžamo, vršok (9) pajama top
všetci (6) all
vstať (9, 10) to get up
vstúpte, poďte dnu (8) come in
v tom istom (1) in the same
východ (3) exit
výmena peňazí (4) money exchange
vymeniť (4) to change
vyplniť (4) to fill out
vyprážaný syr (6) fried breaded cheese
vyrábať (10) to produce
vyskúšať (7) to try on
vysoký opätok (7) high heel
vystúpiť (5) to get off
vytáčať číslo (8) to dial
výťah (4) elevator, lift
vyzdvihnúť (2) to pick up
vyzerať (9) to look
vyzliecť (9) to take off
vziať (si) (8) to take

Z

z (4) from
za koľko dní (5) in how many days
za týždeň (5) in a week
zabávať (10) to entertain
začať (10) to begin, start
začínať (6) to start
začiatok (10) beginning, start
zahrnutý (4) included in
zajtra (7, 8) tomorrow
základná škola (1) elementary school
žalúdok (9) abdomen
zápästie (9) wrist
zasielať, poslať loďou (10) to ship
zastaviť (3) to stop
zastávka (5) bus stop
zatvárať, zatvoriť (7) to close
zavolať (9, 10) to call, to give a call
zavolať taxík (8) to call a taxi
závrat, krútenie hlavy (9) to be dizzy
zbaliť sa (10) to pack
zdať sa (9) to seem
zdravie (4) health
zdravotný klub (4) health club
zelenina (8) vegetable
zelený (7) green
zemiaková polievka (6) potato soup with garlic
zmeniť (sa) (6) to change
zmerať teplotu (9) to take one's temperature
zmestiť sa (3) to fit into
zmluva, kontrakt (10) contract
zoznámiť sa (10) to get acquainted
zranený, ranený (9) wounded
zvonček (8) ring

zvoniť, zazvoniť (8) to ring the bell
zvyknúť si (9) to be used to
zvyknutý (9) used to

Ž

žalúdok, brucho (9) stomach
že (1, 3, 4) that
žemľa (7) roll, bun
žena (1) woman
žena, manželka (1) wife
žiť, bývať (1) to live
žlčník (9) gallbladder
žltý (9) yellow

GLOSSARY OF EXPRESSIONS

ENGLISH-SLOVAK EXPRESSIONS

all right (2, 6) — v poriadku
Are you hurt? (9) — Bolí vás niečo?
ask for a doctor, to (9) — ísť po doktora/zavolať lekára
At seven o'clock. (8) — O siedmej.

by airmail (5) — letecky/leteckou poštou
by all means (10) — rozhodne
Bye! (8) — Dovidenia!/Zbohom!
By then! (10) — Dovtedy!

Can you tell me? (4) — Môžte me povedať?
Could you tell me? (4, 5) — Mohli by ste mi povedať?
Cheers! (6) — Nazdravie!
Clear the table. (8) — Odniesť zo stola.
Come in ! (8) — Vstúpte/Poďte dnu!

day after tomorrow (9) — pozajtra
dinner invitation (8) — pozvanie na večeru
Do you have them...? (7) — Máte ich...?

Excuse me! (1, 2, 5) — Prepáčte!

for a long time (6) — dlho
For how long? (2) — Ako dlho?
first floor (4) — prízemie
give a party, to (10) — usporiadať párty/dať párty

Give us a call. (10) — Zatelefonuj (te) nám.
Good-bye! (2, 3, 8, 9) — Dovidenia!/Zbohom!
Good luck! (10) — Veľa šťastia!
Good morning! (2) — Dobrý deň!
Good afternoon! (5) — Dobrý deň!

Good evening! (6)	Dobrý večer!
Good night! (8)	Dobrú noc!
Have a nice trip. (10)	Príjemnú cestu.
Have a nice vacation. (2)	Príjemnú dovolenku.
He/she/it does not feel good. (9)	Necíti sa dobre.
He has to be.... (10)	Má byť (musí)...
He writes computer programs. (10)	Programuje.
Here you are/Here you go. (2, 3)	Nech sa páči (Prosím).
Have you been working long? (10)	Pracujete dlho...?
Hi! (8)	Servus!
How did you like your dinner? (6)	Chutila ti večera?
How do you feel?	Ako sa cítite?
How much does it cost? (5)	Koľko to stojí?
How much is it? (3, 7)	Koľko to stojí?
How nice of them... (8)	Aké je to/Pekné od nich...
Hurry up! (8)	Ponáhľaj sa!
I am afraid that... (6)	Obávam sa, že...
I am sure. (1, 10)	Som si istý/istá.
I am not sure. (7)	Nie som si istý/istá.
I am pregnant. (9)	Som tehotná.
I am sorry. (6, 7)	Ľutujem. (Bohužiaľ.)
I ate too much. (8)	Prejedol som sa.
I do not know what's wrong with me. (9)	Neviem, čo je so mnou.
I feel very dizzy. (9)	Mám závrať hlavy/Krúti sa mi hlava.
I have a cold. (9)	Som prechladnutý.
I have a cough. (9)	Kašlem.
I have a fever. (9)	Mám horúčku.
I have a headache. (9)	Bolí ma hlava.
I have a sore throat. (9)	Bolí ma hrdlo.

I have a stomachache. (9)	Bolí ma žalúdok.
I have the flu. (9)	Mám chrípku.
I have an upset stomach. (9)	Mám pokazený žalúdok.
I have heard that... (4)	Počul/počula som, že...
I sprained my ankle. (9)	Vytkol som si členok.
I'll take your temperature. (9)	Zmeriam vám teplotu.
I will call you. (8)	Zavolám ti (telefónom).
I would like to have... (6)	Dám si.../Rád by som si dal...
I would like to eat... (6)	Dal by som si /Rád by som jedol...
I would like to try on... (7)	Chcela by som vyskúšať...
in an hour (8)	za hodinu
(It's) all right. (3)	V poriadku.
It's just perfect. (7)	Je perfektný/Je mi akurát.
It is very late. (8)	Je veľmi neskoro.
It is getting late. (10)	(Už) je neskoro.
It is 100 Slovak Crowns. (5)	Stojí to 100 korún.
It seems that... (9)	Zdá sa, že...
It will be here in ten minutes. (8)	Bude tu za desať minút.
Keep the change! (3)	Nechajte si drobné!
late, to be (7)	oneskoriť sa
Let me introduce myself. (1)	Dovoľ, aby som sa predstavil.
Let me introduce Peter. (10)	Dovoľ(te), aby som vám (ti) predstavil.
Let me show you. (8)	Dovoľte, aby som vám ukázal.
Let's go home. (3, 9)	Poďme domov.
Let's go to... (8)	Poďme do...
Let's keep in touch. (10)	Byť v styku.
Let me help you. (8)	Dovoľ, aby som ti pomohla.
Let me see your tongue. (9)	Dovoľte, pozriem sa na váš jazyk.
Let me take your temperature. (9)	Dovoľte, zmerám vám teplotu.
May I help you? (7)	Čím vám poslúžim?
May I suggest...? (6)	Smiem navrhnúť...?
Me, too. (8)	Aj ja.

My name is... (4)	Volám sa...
next month (10)	(Na) budúci mesiac
Nice to meet you. (10)	Teší ma.
of course (2, 8)	samozrejme
Please ask if... (4)	Pýtajte sa prosím, ak...
Please go to the... (2, 5)	Choďte prosím k...
Please go on to... (2)	Prosím pokračujte...
please (2-10)	prosím
Please let us know. (4)	Oznámte nám, prosím/Dajte nám vedieť.
right behind you (7)	práve (zrovna) za vami
See you at home. (3)	Uvidíme sa doma.
She clears the table. (8)	Odnáša zo stola.
take a look at something, to (6)	pozrieť sa na niečo
Take care of yourselves. (10)	Majte sa pekne.
Thank you very much. (2)	Ďakujem veľmi pekne.
Thank you. (2, 10)	Ďakujem.
Thanks. (5)	Vďaka/Ďakujem.
Thanks for inviting us. (10)	Ďakujeme za pozvanie.
That is why... (6)	Preto...
The store closes at 6 o'clock. (7)	Obchod sa zatvára o šiestej hodine.
The meter shows 9 Sk. (3)	Tachometer ukazuje 9 Sk.
There is... (3)	Tam je...
There is no/are no... (1, 9)	Nie je/nie sú...
I will be back. (7)	Vrátim sa.
They would like to send... (5)	Radi by poslali...
Two days ago... (10)	Pred dvomi dňami...
under the name of Peter (8)	na meno Peter

We do not like... (6)   Nemáme radi...
We do not like to drive... (6)   Neradi ideme autom...
We enjoyed the party. (10)   Mali sme radosť z párty.
We had a great time. (10)   Mali sme sa veľmi dobre.
We had dinner. (9)   Večerali sme.
We have not packed yet. (10)   Ešte sme sa nepobalili.
We have to go... (7)   Musíme ísť...
We have to leave... (8)   Musíme odísť...
We really enjoyed... (8)   Skutočne sme mali radosť.../
                                          Bolo nám potešením... (formal)

We ride the tramway. (6)   Ideme električkou.
We should have finished   Dovtedy budeme mať skončený/
  by then. (10)   Dovtedy skončíme.
We should be leaving. (10)   Mali by sme odísť.
We were lucky. (3)   Mali sme šťastie.
We will see. (8)   Uvidíme.
We would like to buy... (7)   Chceme/Chceli by sme kúpiť...
We would like to see... (1)   Radi by sme videli...
We would like the check. (6)   Prosíme si účet/Platíme.
What is it? (8)   Čo je to?
What is the problem? (9)   Aké máte problémy?/Máte ťažkosti?
What is your size? (7)   Aká je vaša veľkosť?
What do you want (to buy)? (8)   Čo chceš (kúpiť)?
What time? (8)   O koľkej?
What would you like to...? (6)   Čo by ste chceli...?
When and where ? (4)   Kedy a kde?
Where would you like to go? (3)   Kde by ste chceli ísť? (pl.)/Kde by
                                            si chcel ísť? (sg.)

Why not! (6)   Prečo nie!
within an hour (8)   za hodinu
within walking distance (5)   blízko
Would this be suitable   Bolo by to vhodné pre vás? (pl.)
  for you? (6)

Would you care to join me? (6)   Nevadilo by vám, keby ste sa ku mne pridali? (pl.)

Would you like (to)...? (6)   Chcete? (pl.)/Chceš? (sg.)

You are not used to... (9)   Nie ste (si) zvyknutý na...

You are welcome. (8)   Rado sa stalo/Prosím.

You can ask for... (4)   Môžte (pl.)/môžeš požiadať... o... (sg.)

You can take a tramway. (5)   Môžte ísť električkou.

You should be fine. (9)   Budete v poriadku/ Budete zdravý. (pl.)

You take a look... (6)   Pozrite si... (pl.)

SLOVAK–ENGLISH EXPRESSIONS

Aj ja/Ja tiež (8)	Me, too.
Aká je vaša veľkosť? (7)	What is your size?
Aké máte problémy? (9)	What is the problem?
Ako sa cítite? (9)	How do you feel?
blízko (5)	within walking distance
Bolí ma žalúdok. (9)	I have a stomachache.
Bolí ma hlava. (9)	I have a headache.
Bolí ma hrdlo. (9)	I have a sore throat.
Bolí vás niečo? (9)	Are you hurt?
Bolo by to vhodné pre vás? (6)	Would this be suitable for you?
Bude tu za desať minút. (8)	It will be here in ten minutes.
Budete sa cítiť dobre/ Budete v poriadku. (9)	You will be fine.
byť v styku (10)	to be in touch
Chcela by som vyskúšať... (7)	I would like to try on...
Chceli by sme kúpiť/Chceme kúpiť... (7)	We would like to buy...
Chcete? (pl.)/Chceš? (sg.) (6)	Would you like—?
Choďte prosím k... (2, 5)	Please go to the...
Chutila ti (vám) večera? (6)	How did you like your dinner?
Dal by som si/Rád by som jedol... (6)	I would like to eat...
Dám si/Rád by som si dal... (6)	I would like to have...
dlho (6)	for a long time
Dobrú noc! (8)	Good night!
Dobrý deň! (2)	Good morning!
Dobrý deň! (5)	Good afternoon!
Dobrý večer! (6)	Good evening!
Dovidenia! (2, 3, 8)	Good-bye!

Dovoľ, aby som sa predstavil. (1)   Let me introduce myself.
Dovoľ, aby som ti pomohla. (8)   Let me help you.
Dovoľ, aby som vám   Let me introduce you…
  predstavil… (10)
Dovoľte, aby som vám   Let me show you…
  ukázal… (8)
Dovoľte, pozriem sa na   Let me see your tongue.
  váš jazyk. (9)
Dovoľte, zmerám vám   Let me take your temperature.
  teplotu. (9)
Dovtedy! (10)   By then!
Dovtedy budeme mať skončený/   We should have finished by then.
  Dovtedy skončíme. (10)

Čím vám poslúžim? (7)   May I help you?
Čo by ste chceli? (6)   What would you like?
Čo chceš (kúpiť)? (8)   What do you want (to buy)?
Čo je to? (8)   What is it?

Ďakujem. (2, 10)   Thank you.
Ďakujem veľmi pekne. (2)   Thank you very much.
Ďakujeme za pozvanie. (10)   Thanks for inviting us.

Ideme električkou. (6)   We ride the tramway.

za hodinu (8)   in an hour

Je perfekný/Je mi akurát. (7)   It's just perfect.
Je veľmi neskoro. (8)   It is very late.

Kašlem. (9)   I have a cough.
Kde a kedy? (4)   Where and when?
Kde by ste chceli ísť? (3)   Where would you like to go?
Koľko to stojí? (5)   How much does it cost?
Krúti sa mi hlava. (9)   I am dizzy.

letecky (5)	by airmail
Ľutujem/Bohužiaľ. (6, 7)	I am sorry.
Má byť… (10)	He has to be…
Majte sa pekne. (10)	Take care of yourselves.
Mali by sme odísť. (10)	We should be leaving.
Mali sme šťastie. (3)	We were lucky.
Mali sme radosť z párty. (10)	We enjoyed the party.
Mali sme sa dobre. (10)	We had a great time.
Mám chrípku. (9)	I have the flu.
Mám horúčku. (9)	I have a fever.
Mám pokazený žalúdok. (9)	I have an upset stomach.
Mám závrať hlavy/	I am dizzy.
Máte ťažkosti. (9)	
Máte ich? (7)	Do you have them?
Môžte ísť električkou. (5)	You can take a tram.
Môžte mi povedať? (4)	Can you tell me?
Môžte požiadať o… (4)	You can ask for…
Mohli by ste mi povedať? (4, 5)	Could you tell me?
Musíme ísť. (7)	We have to go.
Musíme odísť. (8)	We have to leave.
(na) budúci mesiac (10)	next month
na meno Peter (8)	under the name of Peter
Nazdravie! (6)	Cheers!
Nech sa páči (prosím). (2, 3)	Here you are (go).
Nechajte si drobné. (3)	Keep the change.
Necíti sa dobre. (9)	He does not feel good.
Nemáme radi … (6)	We do not like…
Neradi ideme autom. (6)	We do not like to drive.
Nevadilo by vám, keby…? (6)	Would you mind, if…?
Neviem, čo je so mnou. (9)	I don't know what's wrong with me.
Nie je/Nie sú … (1, 9)	There is no/There are no…

Nie som si istý/istá. (7)	I am not sure.
Nie ste (si) zvyknutý... (9)	You are not used to...
O koľkej? (8)	What time?
O siedmej. (8)	At seven o'clock.
Obávam sa, že (6)	I am afraid that...
Obchod sa zatvára o šiestej. (7)	The store closes at 6.
odnášať zo stola (8)	to clear the table
oneskoriť sa (7)	to be late
Oznámte nám, prosím. (4)	Please let us know.
Pekné od nich. (8)	How nice of them.
Počul som, že... (4)	I have heard that...
Poďme do (k)... (8)	Let's go to...
Poďme domov. (3, 9)	Let's go home.
Poďte dnu!/Vstúpte! (formal) (8)	Come in!
Ponáhľaj sa! (7, 8)	Hurry up!
pozajtra (9)	the day after tomorrow
pozrieť sa na niečo (6)	to take a look at
Pozrite si... (6)	You take a look...
pozvanie na večeru (8)	dinner invitation
Pracujete dlho? (10)	Have you been working long?
práve (zrovna) za vami (7)	right behind you
pred dvomi dňami (10)	two days ago
Prečo nie! (6)	Why not!
Prejedol som sa. (8)	I ate too much.
Prepáčte! (1, 2, 5)	Excuse me!
Preto... (6)	That is why...
Príjemnú cestu. (10)	Have a nice trip.
Príjemnú dovolenku. (2)	Have a nice vacation.
prízemie (4)	first floor
Programuje. (10)	He writes computer programs.
Prosím. (2-10)	Please.
Prosím pokračujte... (2)	Please go on to...

Prosíme si účet/Platíme. (6)	We would like the check.
pult na výmenu peňazí (4)	currency exchange counter
Pýtajte sa prosím, či... (4)	Please ask, if...
pýtanie sa na smery (5)	asking for directions
Radi by poslali... (5)	They would like to send...
Radi by sme videli... (1)	We would like to see...
Rado sa stalo/Prosím. (8)	You are welcome.
rozhodne (10)	by all means
samozrejme (2, 8)	of course
Servus! (8)	Hi!
Skutočne sme mali radosť... (8)	We really enjoyed...
Smiem navrhnúť? (6)	May I suggest?
Som... (9)	I am...
Som prechladnutý. (9)	I have a cold.
Som si istý/istá. (1, 10)	I am sure.
Som tehotná. (9)	I am pregnant.
Stojí to 100 korún. (5)	It's 100 Slovak Crowns (Sk).
Tachometer ukazuje 9 Sk. (3)	The meter reads 9 Crowns.
Tam je... (3)	There is...
Teší ma. (10)	Nice to meet you.
usporiadať (dávať) párty (10)	to give a party
Uvidíme. (8)	We will see.
Uvidíme sa doma. (3)	See you at home.
(Už) je neskoro. (10)	It is getting late.
V poriadku (2, 3, 6)	(It's) all right.
Veľa šťastia! (10)	Good luck!
Večerali sme. (9)	We had dinner.
Vďaka/Ďakujem. (5)	Thanks.
Volám sa... (4)	My name is...

Vrátim sa… (7)	I will be back.
Vytkol som si členok. (9)	I sprained my ankle.
za hodinu (8)	within an hour
za hodinu (8)	in an hour
Zatelefonujte nám. (10)	Give us a call.
zavolať (po) lekára (9)	to call for a doctor
Zavolám ti (telefónom). (8)	I will call you.
Zdá sa, že… (9)	It seems that…
Zmeriam vám teplotu. (9)	I'll take your temperature.

HIPPOCRENE BEGINNER'S SERIES

ARABIC FOR BEGINNERS, *Revised Edition*
240 pages • 5½ x 8¼ • ISBN 0-7818-0841-3 • NA • $11.95pb • (229)

BEGINNER'S ALBANIAN
150 pages • 5 x 7 • ISBN 0-7818-0816-2 • W • $14.95pb • (537)

BEGINNER'S ARMENIAN
209 pages • 5½ x 8½ • ISBN 0-7818-0723-9 • W • $14.95pb • (226)

BEGINNER'S ASSYRIAN
138 pages • 5½ x 8½ • ISBN 0-7818-0677-1 • W • $11.95pb • (763)

BEGINNER'S BULGARIAN
207 pages • 5½ x 8½ • ISBN 0-7818-0300-4 • W • $9.95pb • (76)

BEGINNER'S CHINESE
150 pages • 5½ x 8½ • ISBN 0-7818-0566-X • W • $14.95pb • (690)

BEGINNER'S CZECH
167 pages • 5½ x 8½ • ISBN 0-7818-0231-8 • W • $9.95pb • (74)

BEGINNER'S DUTCH
173 pages • 5½ x 8½ • ISBN 0-7818-0735-2 • W • $14.95pb • (248)

BEGINNER'S ESPERANTO
342 pages • 5½ x 8½ • ISBN 0-7818-0230-X • W • $14.95pb • (51)

BEGINNER'S GAELIC
224 pages • 5½ x 8½ • ISBN 0-7818-0726-3 • W • $14.95pb • (255)

BEGINNER'S HUNGARIAN
101 pages • 5½ x 7 • ISBN 0-7818-0209-1 • W • $7.95pb • (68)

BEGINNER'S IRISH
150 pages • 5 x 7 • ISBN 0-7818-0784-0 • W • $14.95pb • (320)

BEGINNER'S JAPANESE
290 pages • 6 x 8 • ISBN 0-7818-0234-2 • W • $11.95pb • (53)

BEGINNER'S LITHUANIAN
471 pages • 6 x 9 • ISBN 0-7818-0678-X • W • $19.95pb • (764)

BEGINNER'S MAORI
121 pages • 5½ x 8½ • ISBN 0-7818-0605-4 • NA • $8.95pb • (703)

BEGINNER'S PERSIAN
288 pages • 5½ x 8½ • ISBN 0-7818-0567-8 • NA • $14.95pb • (696)

BEGINNER'S POLISH
118 pages • 5½ x 8½ • ISBN 0-7818-0299-7 • W • $9.95pb • (82)

BEGINNER'S ROMANIAN
105 pages • 5½ x 8½ • ISBN 0-7818-0208-3 • W • $7.95pb • (79)

BEGINNER'S RUSSIAN
131 pages • 5½ x 8½ • ISBN 0-7818-0232-6 • W • $9.95pb • (61)

BEGINNER'S SICILIAN
159 pages • 5½ x 8½ • ISBN 0-7818-0640-2 • W • $11.95pb • (716)

BEGINNER'S SWAHILI
200 pages • 5½ x 8½ • ISBN 0-7818-0335-7 • W • $9.95pb • (52)

BEGINNER'S TURKISH
300 pages • 5 x 7½ • ISBN 0-7818-0679-8 • NA • $14.95pb • (765)

BEGINNER'S UKRAINIAN
130 pages • 5½ x 8½ • ISBN 0-7818-0443-4 • W • $11.95pb • (88)

BEGINNER'S VIETNAMESE
515 pages • 7 x 10 • ISBN 0-7818-0411-6 • W • $19.95pb • (253)

BEGINNER'S WELSH
171 pages • 5½ x 8½ • ISBN 0-7818-0589-9 • W • $9.95pb • (712)

Prices subject to change without prior notice. To order **Hippocrene Books**, contact your local bookstore, call (718) 454-2366, or write to: Hippocrene Books, 171 Madison Avenue, New York, NY 10016. Please enclose check or money order adding $5.00 shipping (UPS) for the first book and $.50 for each additional title.